WHEN HISTORY MEOWS

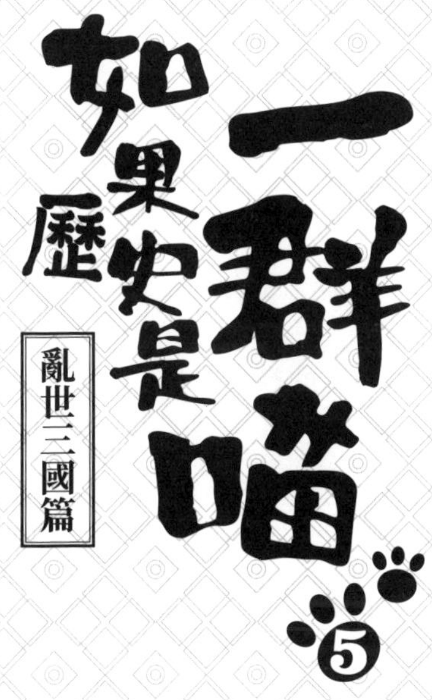

肥志 編繪

國家圖書館出版品預行編目 (CIP) 資料

如果歷史是一群喵 . 5, 亂世三國篇 (萌貓漫畫學歷史) / 肥志編 . 繪 . -- 初版 . -- 新北市 : 野人文化出版 : 遠足文化發行 , 2020.01
面； 公分
ISBN 978-986-384-412-9(平裝)

1. 中國史 2. 通俗史話 3. 漫畫

610.9 108022880

繪　　者　肥志
編　　者　肥志

社　　長　張瑩瑩
總 編 輯　蔡麗真
主　　編　鄭淑慧
責任編輯　徐子涵
行銷企畫　林麗紅
封面設計　林遠志　周家瑤
內頁排版　林遠志　許庭瑄　洪素貞

出　　版　野人文化股份有限公司
發　　行　遠足文化事業股份有限公司 (讀書共和國出版集團)
　　　　　地址：231 新北市新店區民權路 108-2 號 9 樓
　　　　　電話：（02）2218-1417　傳真：（02）8667-1065
　　　　　電子信箱：service@bookrep.com.tw
　　　　　網址：www.bookrep.com.tw
　　　　　郵撥帳號：19504465 遠足文化事業股份有限公司
　　　　　客服專線：0800-221-029
法律顧問　華洋法律事務所　蘇文生律師
印　　製　成陽印刷股份有限公司
初版首刷　2020 年 1 月
初版18刷　2023 年 9 月

如果歷史是一群喵 (5)
線上讀者回函專用 QR CODE，您的寶貴意見，將是我們進步的最大動力。

野人文化官方網頁

序

懷著複雜的心情，《如果歷史是一群喵》終於完成了「漢末三國」全部的創作。這意味著我們即將要暫別一段不平凡的歲月，準備打開下一個歷史篇章。

離開之前，有幾句話想說一下。

有朋友問我：如果沒有小說《三國演義》，三國還會這麼火嗎？

我想答案當然是否定的。畢竟，中國古代豪傑那麼多，隨便往前一數，項羽、劉邦、韓信，往後一找，楊堅、李淵、李世民個個都氣吞山河。

但三國又的確是重要的。

比如，「英雄」這個詞最早出現在西漢，但真正有人解釋它則是在三國。「是故聰明秀出謂之英，膽力過人謂之雄。」也就是說，只有文武兼修的人才能被稱為英雄。在此後的一千多年裡，這個標準影響了無數嚮往英雄的後來者。從這個意義上講，三國對中華文明乃至歷史進程都有著深遠的影響。

除此之外，三國還是繼春秋戰國之後，另一個在文學、藝術、思想等方面大放異彩的時代。只是因為它的戰爭故事太過精彩，往往容易被忽視。

所以，如果有讀者朋友對此感興趣，不妨再去看看三國有關的資料，說不定你能收穫到與眾不同的樂趣。

最後，由衷感謝每一位為《如果歷史是一群喵》付出努力的小夥伴，以及讀者朋友們一直以來的支持。

我們下回再見。

正文讀取順序從左往右，
對白、注釋以及編者按讀取順序從右往左。

第五十二回 ◉ 劉備立足

東漢末年，
是個**混亂**的時代。

老大不行，

朱紹侯《中國古代史》：「東漢王朝日漸衰落，接著出現的便是軍閥割據、混戰的局面。」

馬仔上位。

范文瀾《中國通史簡編》：「統治階級的軍閥們……藉皇室統治權動搖的機會，擁兵爭奪權利。」

大家**互相打了十幾年**。

范文瀾《中國通史簡編》：「軍閥們，割據土地，互相攻殺。」

最終，南北兩撥勢力互掐。

軍事科學院《中國軍事通史》：「北方……同南方割據勢力之間的矛盾，上升為中國各勢力間的主要矛盾。」

這就是著名的**赤壁之戰**。

朱紹侯《中國古代史》：「孫權……與劉備……聯合迎擊曹操，雙方在赤壁相遇，於是爆發了著名的赤壁之戰。」

最後的戰果是**北方勢力敗退**。

白壽彝《中國通史》：
「赤壁一戰，曹軍損失嚴重……曹操的勢力北退。」

而南方勢力**守住了自己的地盤**。

白壽彝《中國通史》：
「經過赤壁之戰，孫權的統治得到鞏固，劉備也乘機向江南發展勢力。」

北方代表就是**曹操喵**，

白壽彝《中國通史》：
「曹操基本平定北方後……建安十三年（二〇八年）七月，進軍南征荊州。」

雖然逃回去了，**但**很受傷……

軍事科學院《中國軍事通史》：

「曹操戰略機動部隊在赤壁之戰中損失嚴重，同南方比較，水軍處於異常懸殊的劣勢，艦船數量極少，長江的制江權完全喪失……大批官兵在戰爭或瘟疫中死亡不歸，家室怨曠，百姓流離，形成嚴重的社會問題。」

南方呢，

是**劉備喵**和**孫權喵**。

一個**創業老臘肉**和一個**守業小鮮肉**……

就是！
有意見嗎？

張帆《中國古代簡史》：「建安十三年曹操南征……劉備退至夏口，與孫權合兵。」張大可《張大可文集．三國史》：「孫權二十六歲。赤壁之戰不僅是以少勝眾，而且是後生戰勝前輩。」「公元一八四年黃巾起義，劉備二十四歲……直到公元二〇八年的赤壁之戰，他轉戰二十多年。」注：二一一年借荊州時劉備約五十歲。

兩家打敗了**北方的巨頭，**
自然開始了一段**「蜜月期」**。

《三國志．吳書．吳主傳》：「劉備表權行車騎將軍，領徐州牧。備領荊州牧……」

吃完火鍋，還有這個。
哇嗚，你真棒！

例如鞏固一撥自己的**地盤**和**分享勝利果實。**

白壽彝《中國通史》：「孫權佔有江陵、夏口、陸口、荊州東半部。劉備占荊州的南部零陵、桂陽、武陵、長沙四郡。」

可**人情歸人情，**

數目要分明。

孫劉聯盟中，**孫權喵**實力**更強，**

軍事科學院《中國軍事通史》：「劉備……兵力不當一校，東吳對他當然不會有疑忌之心。」

自然就**更強勢。**

白壽彝《中國通史》：「孫權佔有荊州的東部江夏等郡，擴大了地盤，鞏固了江東根據地，所得不少。」

分完的結果就是，

孫家除了佔據了**整個江東外**……

張大可《張大可文集・三國史》：「孫權佔據江東……」

還拿了**荊州的一部分**。

軍事科學院《中國軍事通史》：「……而且奪取到荊州最具戰略意義的南郡、江夏郡。」

而劉家呢？

則分到**角落的一部分**……

張大可《張大可文集・三國史》：「劉備只佔有荊州江南四郡。」

要知道**劉備喵**可是個**有夢想**的喵。

傅樂成《中國通史》：「如跨有荊、益，內修政理，外與孫權結好，一旦時事有變，荊、益同時出兵北進，則霸業可成。這番話成為此後劉備建功立業的準繩。」

雖然他從**出道開始**就很**倒楣**，

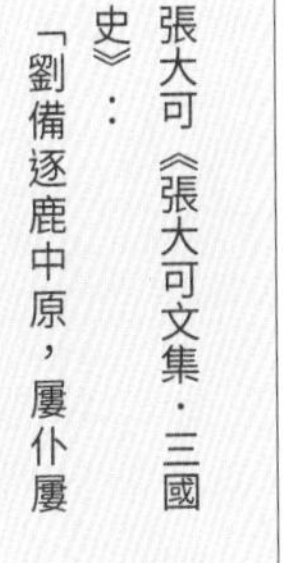

張大可《張大可文集・三國史》：「劉備逐鹿中原，屢仆屢起。」

不僅經常**死老闆**……

朱紹侯《中國古代史》：「在軍閥混戰中，他（劉備）先後依附陶謙、呂布等……官渡之戰時，他依附袁紹，袁軍敗後，又到荊州投靠劉表……曹操的軍隊還沒有到荊州，劉表病死。」

還總是**丟老婆**……

《三國志．蜀書．先主傳》：「布虜先主妻子，先主轉軍海西。」「……復虜先主妻子送布。」「曹公盡收其眾，虜先主妻子，並禽關羽以歸。」「先主棄妻子……」

這會兒都**五十**了，

還**沒啥像樣的成績**。

張大可《張大可文集．三國史》：「公元二〇七年，曹操統一了北方，劉備還是寄人籬下。劉備逐鹿中原的機會似乎不會再有了。他二十四歲起兵，南征北戰二十餘年……『老將至矣，而功業不建』。」

怎麼可以窩在這邊邊角角裡呢？！

於是乎，他決定**唬弄孫權喵**。

《三國志·蜀書·先主傳》：「先主至京見權，綢繆恩紀。」

當時的情況是這樣的：

從**地盤**來看，

孫家的地盤完全**貼著曹家**。

軍事科學院《中國軍事通史》：「從當時的地理形勢看，東吳幾乎承擔了全部抗曹壓力。」

試想**曹操喵**一旦打過來，

火力就**全在孫權喵**身上了。

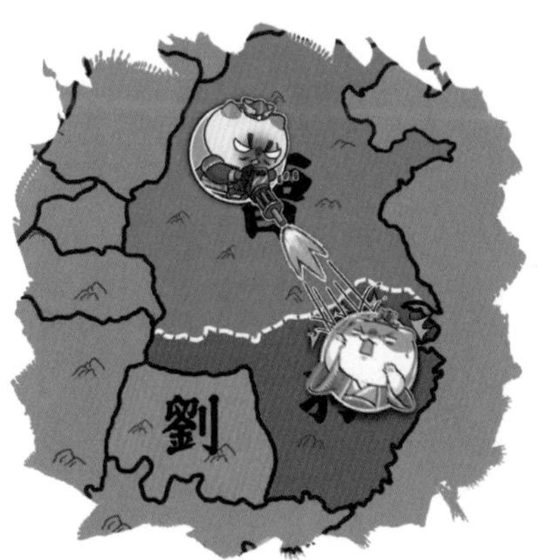

軍事科學院《中國軍事通史》：「東吳……處在抗曹第一線，而劉備位置在江南，處在第二線。東吳等於義務地為劉備防禦曹軍。」

孫權喵壓力也是**真的大呀**……

軍事科學院《中國軍事通史》：「這一態勢對於東吳既不划算又深感吃力。」

所以，這時**劉備喵**就**出來了**。

他跟**孫權喵**表示：
你把荊州的南郡給我，
我幫你分擔點火力。

軍事科學院《中國軍事通史》：「劉備認為，如果同東吳協商，由自己守衛南郡，那麼他既可以得到盼望已久的南郡，東吳也減輕了當面曹軍的壓力。」

這個方法倒是**打動了孫權喵**。

張大可《張大可文集・三國史》：「孫權再三權衡……厚待劉備。」

因為要**前往**隔壁的**益州**，就必須通過**南郡**。

軍事科學院《中國軍事通史》：「江陵所在的南郡控扼長江……是奪取益州和北上宛、洛時必經的出發點。」

賣個人情給劉備喵，
以後還能**一起去打益州**。

《三國志・蜀書・先主傳》：「權遣使雲欲共取蜀（益州）。」

算了算，還挺**划算**。

白壽彝《中國通史》：「他（孫權）答應將長江以南的南郡土地借給劉備。」

這就是著名的

「借荊州」事件！

《三國志・蜀書・先主傳》注引《江表傳》：「（劉備）復從權借荊州。」

這個事件，

成了重要的歷史節點。

因為就是從那時起，

劉備喵開始**突破了地域的牢籠**。

張大可《張大可文集・三國史》：「劉備借得荊州，取得鼎足的權利，他就希望繼續擴展勢力。」

他雖然**分擔了孫權喵的壓力**，

軍事科學院《中國軍事通史》：「（劉備）又給予東吳以抗曹的實際幫助。」

卻獲得了足夠的崛起空間。

軍事科學院《中國軍事通史》：「劉備借到南郡後，加上南四郡，在荊州原七郡中得到五郡，基本佔有荊州。」

而且**掌握了**通往**益州**的**通道**。

軍事科學院《中國軍事通史》：「劉備據有荊州後，西可取道巫縣、秭歸以進取益州。」

幾十年的創業生涯，
劉備喵終於看到了**黎明的曙光**。

張大可《張大可文集·三國史》：「劉備直到二〇八年赤壁之戰後……事業迅速發展。」

然而，也正是這個事件，
吹響了**「三國」下半場紛爭的哨聲**。

軍事科學院《中國軍事通史》：「長遠看，借南郡播下日後相爭的種子。」

甚至為**劉備集團埋下了不安定的隱患。**

軍事科學院《中國軍事通史》：「而在日後這種相爭中，劉備由於南郡面臨對曹和對吳兩個方向，必將處於兩面受敵的不利態勢。」

那麼**趁勢而起**的**劉備喵，**

將如何擴大勢力呢？

白壽彝《中國通史》：「取得荊州，只是實現了劉備雄圖的第一步……第二步就該……」

（且聽下回分解。）

對於「借」荊州一事，孫權和劉備的看法有很大的不同。《三國志》中只有孫權陣營會明確提及「借」。如《吳書．魯肅傳》中劉備來「求都督荊州」時，魯肅是「勸權借之」，《吳書．吳主傳》中劉備拒還荊州，孫權說的也是「此假（借）而不反」。但劉備方記載的用詞就很模糊了。《三國志》中，劉備去江東是為了「綢繆恩紀（增進感情）」，孫權索要荊州時他的托詞是：「須得涼州，當以荊州相與（給）」，絕口不提「借」或「還」。從某種意義上來說，孫權認為荊州是「借」出去，劉備卻覺得荊州是「要」來的，而且自己幫孫權分擔了曹軍火力，道義上他根本不用歸還。孫劉後期矛盾重重，荊州可算是主要原因之一了。

曹操——煎餅（飾）

孫權——麻花（飾）

劉備——瓜子（飾）

參考來源：《三國志》、朱紹侯《中國古代史》、范文瀾《中國通史簡編》、白壽彝《中國通史》、軍事科學院《中國軍事通史》、張帆《中國古代簡史》、張大可《張大可文集．三國史》、傅樂成《中國通史》

【十動然拒】*

赤壁戰後，曹操想拉攏劉備，
他又是寫信示好，
又是贈送大量香料。
可惜孫劉聯盟好著呢，
壓根兒不搭理他。

＊「十分感動，然後拒絕」的縮寫。

【再也不見】

劉備借到南郡後回來說，
孫權長相氣勢太嚇人，
他被嚇出了一身冷汗。
還說再也不想見孫權第二面了。

【「我反對！」】

孫權手下的大將周瑜很不喜歡劉備。
劉備來「借南郡」，
周瑜就非常反對，
還想趁機把劉備軟禁起來，
然後統一南方。

煎餅小劇場

《等更的日常》

這周更新好棒啊！
希望下周快點來……

快點來……
快點來……

嗯……
嗯……

不行！起來再看一遍！

《太入戲了》

煎餅非常喜歡看少女漫畫。
我的天哪！劇情竟然……
作者太厲害了！好有意思！

女主角終於向男主角表白了！

為啥偏偏安排他們是世仇？

這傢伙咋回事？
媽媽！他好可怕！
比平時還可怕，又哭又笑的。
看起來就好危險！
啊——啊!!

煎餅
雙魚座
生日：3月3日
身高：182 公分
擅長的運動：游泳
喜歡的顏色：粉紅色
（煎餅擬人介紹）

立秋

第五十三回◉巧取益州

三國歷史上，
曹操喵是梟雄

《三國志・魏書・董二袁劉傳》注引《獻帝春秋》：「（曹操）專為梟雄。」

劉備喵則是**仁主**。

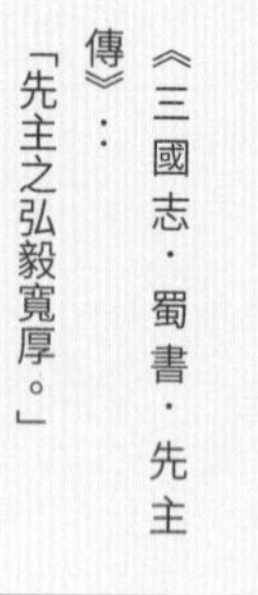
《三國志・蜀書・先主傳》：「先主之弘毅寬厚。」

簡直就是**光和影**般的存在。

《三國志・蜀書・龐統傳》：「備曰：『今指與吾為水火者，曹操也，操以急，吾以寬；操以暴，吾以仁；操以譎，吾以忠；每與操反，事乃可成耳。』」

「仁義的劉備喵」，

不僅**正史**對他多有描述……

《三國志．蜀書．先主傳》：「比到當陽，眾十餘萬，輜重數千兩，日行十餘里，別遣關羽乘船數百艘，使會江陵。或謂先主曰：『宜速行保江陵，今雖擁大眾，被甲者少，若曹公兵至，何以拒之？』先主曰：『夫濟大事必以人為本，今人歸吾，吾何忍棄去！』」

在小說**《三國演義》**中，

他更是**「仁義」**得接近**迂腐**。

魯迅《中國小說史略》：「（《三國演義》）欲顯劉備之長厚而似偽。」

那麼，

劉備喵真的是這樣一朵**「白蓮花」**嗎？

當然不可能！

張作耀《劉備傳》：「他（劉備）崇尚信義，但絕不為此自囿……劉備確有陰懷詭詐的一面。」

在那個時代，
劉備喵同樣兼具**梟雄**的一面。

《三國志．吳書．周瑜傳》：「瑜上疏曰：『劉備以梟雄之姿……』」

例如**「劉備入蜀」**事件，
正是很好地詮釋了劉備喵的**「狠」**。

王仲舉《魏晉南北朝史》：「公元二一一年，劉備……即率步兵數萬人，由水道入蜀。」

蜀指代的是當時的**益州**。

《康熙字典》：「巴蜀，地名。秦置蜀郡，即益州地。」

益州地跨了今天的**四川和重慶**等地。

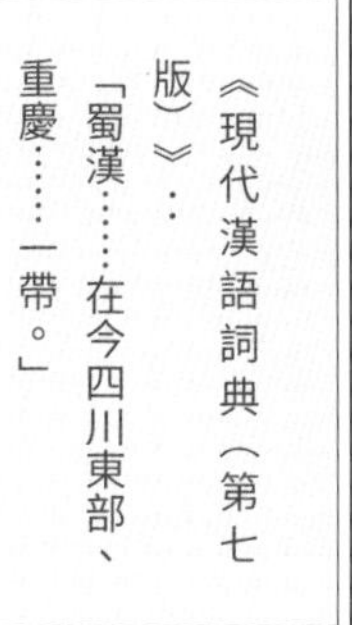
《現代漢語詞典（第七版）》：「蜀漢……在今四川東部、重慶……一帶。」

所謂**沃野千里，天府之土**。

《三國志·蜀書·諸葛亮傳》：「益州險塞，沃野千里，天府之土。」

在**赤壁之戰**後，
上一個大州——**荊州**，

白壽彝《中國通史》：「建安十三年七月，（曹操）進軍南征荊州。」

已經被**瓜分完畢**。

白壽彝《中國通史》：「曹、孫、劉三家瓜分了荊州。」

所以作為**「肥肉」**的**益州**，
自然成了下一個目標！

軍事科學院《中國軍事通史》：「二一一年……曹操派鍾繇征討漢中張魯，引起劉璋（益州牧）唇亡齒寒的恐懼。」

在這樣的情況下，

益州的老大**劉璋喵**急需一根**「救命稻草」**。

《三國志·蜀書·法正傳》：
「松遂說璋宜迎先主。」

想來想去，

同為老劉家一員的**劉備喵**就成了他的**最優選**……

《資治通鑒·卷六十六》：
「松因說璋曰：『劉豫州，使君之宗室而曹公之深仇也，善用兵……不得豫州，則敵攻其外，民攻其內，必敗之道也。』」

總的來說，

劉備喵不僅是打敗**曹操喵**的一員……

張大可《三國史研究》：
「發生在公元二〇八年的赤壁之戰……結果孫劉聯軍取得勝利，曹操大敗虧輸。」

失敗

成功

還**掌握了**通往益州的**南郡**。

白壽彝《中國通史》：「孫權又同意劉備的請求，將南郡借給他，即所謂『借荊州』。」

這樣**光鮮的履歷**讓劉璋喵覺得，
只要能**拉攏劉備喵**，那就萬事無憂了。

《資治通鑑．卷六十六》：「松因說璋曰：『……若使之（劉備）討魯，魯必破矣。魯破，則益州強，曹公雖來，無能為也……』璋然之。」

可惜，**劉備喵**根本沒那麼聽話。

首先，南郡是他從**孫權喵**那**「借」**的。

《資治通鑒．卷六十六》：
「魯肅勸權以荊州借劉備，與共拒曹操，權從之。」

孫權喵本來的想法是
聯合他**一起**過去**「吃」益州**。

白壽彝《中國通史》：
「孫權曾遣使和劉備商議，試圖共同攻取益州。」

可**南郡**到手後，

劉備喵就把路堵了……

《三國志·蜀書·先主傳》注引《獻帝春秋》：「（劉備）使關羽屯江陵，張飛屯秭歸，諸葛亮據南郡，備自住孱陵。」

而且**自己**進了**益州**。

而益州這邊呢，

希望劉備喵幫忙**對抗**北邊的**曹操喵**……

白壽彝《中國通史》：「劉璋為了抵抗曹操，派法正領兵四千，攜帶厚禮，前往荊州迎接劉備。」

不但讓他入駐**益州**，

還給了他很多**軍隊和物資**。

《資治通鑒．卷六十六》：「劉璋敕在所供奉備，備入境如歸，前後贈遺以巨億計……璋增備兵，厚加資給。」

劉備喵表面上**答應**幫忙，

暗地裡卻到處做好事，
收買人心。

《三國志．蜀書．先主傳》：「先主北到葭萌，未即討魯，厚樹恩德，以收眾心。」

等到**時機一成熟，**

就把**劉璋喵**圍了……

《三國志．蜀書．先主傳》：「先主進軍圍雒，時璋子循守城……」

沒辦法，
劉璋喵只能乖乖地**交出益州**。

《三國志．蜀書．先主傳》：「（建安）十九年（二一四年）夏，雒城破，進圍成都數十日，璋出降。」

就這個事件來說，
劉備喵可以說是相當**不仁義**的。

張作耀《劉備傳》：「劉備對待劉璋的態度是最為明顯的以怨報德。」

不僅唬弄**盟友**，
還唬弄**「親友」**。

但從**時代的角度**來說，
這也**無可厚非**。

張作耀《劉備傳》：
「謀立大業的歷史人物，很少將信義作為目的而信守不移者……從道義上講，是不足為鑒的，但從政治鬥爭的殘酷性看，似也無須多責。」

在那個**爾虞我詐**的亂世，
他今天**不詐**，
明天也許就會**被幹掉**。

劉備喵的**仁義，**

其實更多的是對待**部下**和**民眾**。

張大可《三國史研究》：「劉備與關羽、張飛二人『寢則同床，恩若兄弟』，與趙雲『同床眠臥』。三顧草廬請諸葛亮，送徐庶北還盡孝，這不僅表現了劉備的思賢若渴，也表現了他的寬仁信義。」

他懂得**「得人心者得天下」**的道理，

張大可《三國史研究》：「劉備逐鹿中原，屢仆屢起，靠的就是他的寬仁信義。」

因此**一直**實行**寬政**，
正史**並無**關於他**苛斂**的記載。

張作耀《劉備傳》：
「（劉備）為政在寬，史無苛斂記載。」

甚至在**攻城掠地**的時候，
也**沒有屠城**的行為，
說他是**仁主**並不為過。

李英《中國戰爭通鑒》：
「從史書記載來看，袁紹、公孫瓚、曹操、呂布等割據勢力，均有一些縱兵掠奪、奪地屠城的記錄，而在劉備集團所佔據和統治的地區，卻鮮為所見。」

而**被「坑」**的劉璋喵，
雖然顯得有點「天然呆」……

不僅**引來了**劉備喵，
還**丟了**地盤。

軍事科學院《中國軍事通史》：
「劉璋……開城出降。劉備和平佔領成都。」

《三國志·蜀書·劉二牧傳》：
「璋言：『父子在州二十餘年，無恩德以加百姓。百姓攻戰三年，肌膏草野者，以璋故也，何心能安！』遂開城出降……」

但在那個**爭鬥**的時代裡，
「敢於」**投降**，
確實讓益州喵民們免遭**戰火**的摧殘。

差點就被塗炭了……

他不是個強者，卻算是個**好官**，
不應該嘲笑他。

無論如何，
經過這個事件後，
劉備喵成為了**橫跨兩州的大軍閥，**

軍事科學院《中國軍事通史》：「劉備佔領了劉璋益州，基本完成隆中戰略跨有荊、益計畫。」

獲得了和**曹孫兩家平起平坐的資格。**

軍事科學院《中國軍事通史》：「二一四年劉備佔領益州後，同孫權構成的寄寓者與寄主的關係，已經名不符實。劉備在對抗曹操、屏障著東吳。」

三分天下的**勢頭**已經**不可阻擋**。

軍事科學院《中國軍事通史》：「從二一五年起（劉備初占益州）……三家實力更為壯大，暫時誰也吃不了誰。」

但是作為盟友的**孫權喵**，

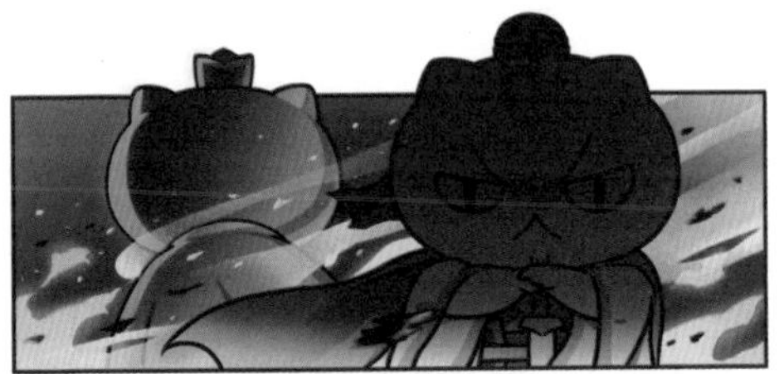

會讓劉備喵這麼坐大下去嗎？

軍事科學院《中國軍事通史》：「也由於地跨兩州，雄踞上流，（劉備）對東吳構成威脅，使東吳深感不安。」

（且聽下回分解。）

編者按

劉備入蜀，有三個人起了關鍵作用。其一，張松和法正（巴蜀集團的謀士）為他鋪平了取益州的「戰略道路」。兩人均認為劉備才是能守住益州的良主，故張松說服劉璋邀劉備入蜀駐軍，法正則勸諫劉備趁此一舉拿下益州；他們還為劉備提供了詳細的益州軍情。

其二，「鳳雛」龐統為劉備鋪平了「精神道路」。劉備雖想取益州，但對欺人之國一事仍有顧慮，認為不符合自己「仁義」的名號，龐統卻認為在權變的時代，兼併弱者、攻取愚昧者，本就是霸業必經之路。這段談話才徹底讓劉備解開心結，果斷率兵入蜀。後來劉備優待投降的劉璋，既取得成霸業之資，也努力保全了仁義之名。

曹操——煎餅（飾）

孫權——麻花（飾）

劉備——瓜子（飾）

參考來源：《三國志》、《康熙字典》、《資治通鑑》、《現代漢語詞典（第七版）》、魯迅《中國小說史略》、張作耀《劉備傳》、王仲犖《魏晉南北朝史》、白壽彝《中國通史》、軍事科學院《中國軍事通史》、張大可《三國史研究》、李英《中國戰爭通鑑》

【安度餘生】

原益州之主劉璋投降之後，
在劉備手底下做官，
最後病逝。
作為亡「國」之人，
這算得上是善終了。

【謀士鳳雛】

劉備取益州時，
有個謀士給他送了上、中、下三計，
幫了劉備大忙。
這個謀士就是與諸葛亮並稱
「臥龍鳳雛」的「鳳雛」── 龐統。

【有借無還】

劉備得益州之後，
孫權來找他要回南郡，
誰知道劉備「翻臉不認帳」。
這就是歇後語「劉備借荊州 ──
有借無還」的由來。

麻花小劇場

《面試後》

《未來在哪裡》

麻花
摩羯座
生日：12 月 24 日
身高：178 公分
擅長的運動：健美操
喜歡的顏色：灰色
（麻花擬人介紹）

處暑

第五十四回◉聯盟破裂

孫權喵和劉備喵的聯盟，
是在**赤壁之戰**時形成的。

揍他！
老曹打上門了怎麼辦啊？

白壽彝《中國通史》：「孫、劉聯合抗擊曹操的協定，就此定下來了……曹操由江陵水陸東進，孫、劉聯軍由樊口、夏口溯流而上。兩軍相遇於赤壁。」

兩方算是「共患難」地揍翻了曹操喵。

我一定會回來的！

張作耀《孫權傳》：「赤壁之戰，孫劉聯合，取得了戰爭的勝利。」

可仗打完之後呢，
聯盟就**「微妙」**起來了……

軍事科學院《中國軍事通史》：「戰後劉備勢力發展起來，同東吳的關係便開始潛伏隱患。」

這兩家中，
孫權喵顯得**更加重視**這段關係。

陳金鳳《益州戰略與吳蜀關係》：「當時致力於鞏固聯盟的是孫權，而不是劉備。」

劉備喵過來要**南郡**，

白壽彝《中國通史》：「劉備親到江東拜謁孫權，要求把江東佔據的荊州土地劃歸他來管轄。」

孫權喵借了。

白壽彝《中國通史》：「孫權又同意劉備的請求，將南郡借給他。」

【第五十四回 聯盟破裂】

劉備喵堵著路，
不給他去打**益州**。

張作耀《劉備傳》：
「劉備堅決阻止孫權取蜀，迅速調整並加強了阻抗孫權的佈防。」

孫權喵忍了。

張作耀《劉備傳》：
「孫權知道劉備決議阻止吳軍取蜀，只好命令孫瑜撤軍。」

直到**劉備喵單獨**吞了益州時，

黎東方《細說三國》：
「劉備自己卻偷得了益州。」

孫權喵也**只是**鬧了一下，

白壽彝《中國通史》：
「當劉備跨有荊、益以後，勢力急劇壯大，對孫權造成嚴重威脅……二一五年，孫權向劉備討還荊州未果，即派呂蒙帶兵攻取長沙、零陵、桂陽三郡。」

要了點地盤兩方就**「復合」**了。

張大可《張大可文集・三國史》：
「劉備取得益州，孫權只索討江南三郡，極有分寸。」

簡直就是**劉備喵**虐他千萬遍，
他待劉備喵如初戀啊。

那麼，作為一個**稱霸一方**的**軍閥**，

孫權喵為啥如此好說話呢？

張大可《張大可文集・三國史》：「孫權聯劉，資以土地，這是向弱者做出的讓步。」

這跟他的**性格**有很大關係。

PERSONALITY

你猜我是什麼星座？

張大可《張大可文集・三國史》：「孫權審時度勢，高瞻遠矚，在赤壁戰後借荊州給劉備，此舉更能表現他作為一個偉大政治家的胸懷和氣度。」

縱觀**三國**的歷史，

孫權喵可能**沒有**曹操喵和劉備喵那麼**大放異彩**，

但他卻有一個**重要**的特點。

能忍！

《三國志·吳書·吳主傳》：「孫權屈身忍辱，任才尚計，有句（勾）踐之奇，英人之傑矣。」

在那個**弱肉強食**的時代，

孫權喵清楚誰都有**被消滅的危險**，

張大可《張大可文集·三國史》：「孫權十分高明，從全域棋盤中首先考慮生存。」

所以他**隱忍**。

但他的忍不針對誰，

而是為了**江東的大局**。

張大可《張大可文集・三國史》：「孫權兩次退讓是著眼於全局的以退為進。」

赤壁一仗算是把**曹操喵**打跑了，

范文瀾《中國通史》：「孫權劉備結成了牢固的同盟。二〇八年……用火攻打法大破曹軍。」

可從**大局**來看，
曹操喵仍然擁有東漢十三州中的**八州**。

軍事科學院《中國軍事通史》：「曹操繼續保持著最強大的地位，佔據原東漢十三州中冀、青、幽、並、兗、豫、徐、司八個州。」

所謂瘦死的駱駝比馬大。

靠**單打獨鬥**，

孫劉兩方誰都幹不過老曹家。

張大可《張大可文集‧三國史》：「江東之眾不能獨立抗擊曹操。」

軍事科學院《中國軍事通史》：「但是赤壁之戰證明，這時實際上誰也沒有力量消滅對方。」

所以他只能忍受**劉備喵**的做法，

以**維護聯盟關係**，

來**確保**江東有足夠的**發展空間**。

張大可《張大可文集‧三國史》：「為了求生與發展，孫權作出了明智的選擇……聯盟抗曹，唇齒相依，形勢使然。」

而**劉備喵**呢，
也因此**瘋狂撿便宜**，

陳金鳳《益州戰略與吳蜀關係》：「劉備利益的獲得是孫權致力於孫劉聯盟穩固的結果。」

成為了**地跨兩州**的大軍閥。

軍事科學院《中國軍事通史》：「劉備佔領益州後……也由於地跨兩州，雄踞上流……」

可作為相鄰的存在，
劉備喵的坐大，
可就**威脅**到孫家的生存了。

軍事科學院《中國軍事通史》：「……對東吳構成威脅，使東吳深感不安。」

於是，**孫權喵**開始暗中**調整戰略**。

軍事科學院《中國軍事通史》：「東吳決心消除隱患，發展自己。」

在那時，**劉備集團**迅速坐大後，

就開始**頭腦發熱**。

張大可《張大可文集·三國史》：「劉備在漢中稱王，被勝利沖昏了頭腦，他和諸葛亮忙於規劃兩路北伐的戰略，缺乏對全局的分析。」

讓大將**關羽喵**去**襄樊地區**找**曹操喵**麻煩。

白壽彝《中國通史》：「關羽接到劉備命令……對曹軍佔領的襄陽和樊城發動了進攻。」

這一仗，

關羽喵**放水**把曹軍泡水裡。

軍事科學院《中國軍事通史》：「八月，下大霖雨，山洪暴發……關羽利用水軍優勢，乘大船發起攻擊。」

「水淹七軍」講的就是這事。

軍事科學院《中國軍事通史》：「關羽水淹于禁七軍。」

然而，

這個行動給了**孫權喵可乘之機。**

白壽彝《中國通史》：「關羽大軍北上攻樊，後方江陵、公安空虛。這是孫權奪荊州的好機會。」

忍了這麼久**終於**不忍了。

他先是私底下跟曹操喵握手言和，

軍事科學院《中國軍事通史》：「（孫權）企圖聯合曹操共同夾擊關羽……他向曹操上書，乞求允許他討伐關羽來為曹操效力。」

再偷偷潛入關羽喵**後方**，

白壽彝《中國通史》：「孫權……派呂蒙襲取了關羽的後方公安、江陵。」

然後捅**「一刀子」**！

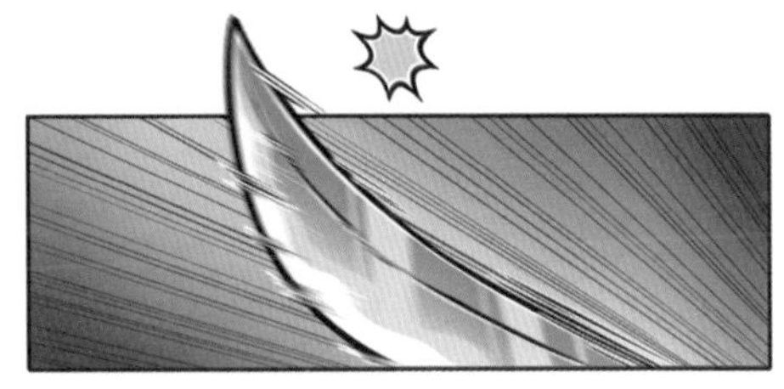

軍事科學院《中國軍事通史》：「（孫權）向昔日盟友背後開刀。」

可憐的**關羽喵**就這樣成了三明治……

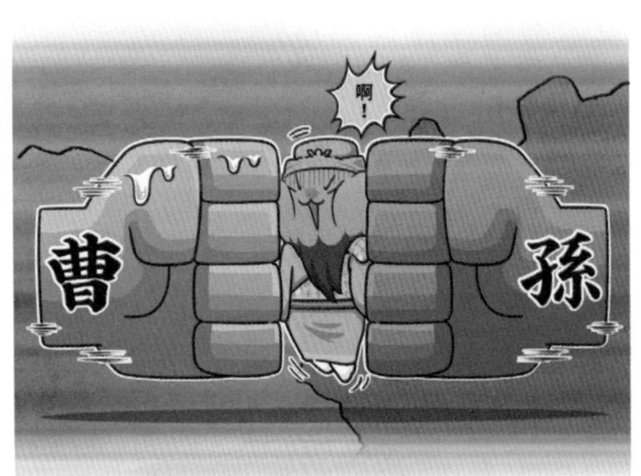

軍事科學院《中國軍事通史》：「關羽在圍被突破、呂蒙偷襲了江陵、自己腹背受敵的極端不利形勢下，決心回軍保衛後方。」

這個事件最終不僅**導致**關羽喵「敗走麥城」，

白壽彝《中國通史》：「關羽敗走麥城……被孫權軍隊擒獲，殺死。」

還讓劉備喵**失去了荊州**。

白壽彝《中國通史》：「關羽棄樊城回救，兵敗被殺。」「劉備失去了荊州……」

劉備喵繼續**坐大**的勢頭從此**被打斷**。

而**「捅刀子」**的決定，

也**意味著孫權喵**親手撕破了與**劉備喵**的同盟關係。

白壽彝《中國通史》：「孫權放棄已經很脆弱的孫、劉聯盟。」

天下的**三角格局**也由**「孫劉抗曹」**，

軍事科學院《中國軍事通史》：「（孫權）使三角格局由戰前孫、劉聯合抗曹……」

轉變為**「孫曹孤劉」**。

軍事科學院《中國軍事通史》：「……轉變為孫、曹聯合劉孤立。」「這時實際上誰也沒有力量消滅對方。」

這個關係的**轉變**，

不僅是**孫權喵**的**自保**，

張大可《張大可文集．三國史》：「孫權感到了西邊的威脅，於是調轉矛頭西指荊州，從更大範圍建立長江防禦體系。」

更是**三家勢力**的**再平衡**。

軍事科學院《中國軍事通史》：「戰後東吳地跨荊、揚、交三州，孫、劉力量對比由戰前劉略強於孫，改變為孫強劉弱。曹操……又借助孫、劉自相削弱而增強了實力地位。」

然而，轉動的歷史車輪是**無法停止**的。

當局面一度歸於**穩定**時……

張作耀《孫權傳》：

「關羽既已授首，為了共同的利益，曹操和孫權相互利用，加緊聯繫和改善關係。曹操……利用他（孫權）制約或削弱劉備。」

北方又變天了……

《三國志．魏書．文帝紀》：

「漢帝以眾望在魏，乃召群公卿士。」

（且聽下回分解。）

編者按

孫權的「忍」不僅體現在他維護孫劉聯盟的時候，他和曹操「握手言和」的過程也相當忍辱負重。當時曹操依舊勢強且已經自封為魏王，身為大將軍的孫權，和曹操結成同盟最有效的方式，就是上書稱臣。於是孫權向曹操「乞以討羽自效」，就是「請求允許自己討伐關羽為曹操效力」，可謂將姿態放得極低。但「做小伏低」的收效極佳，孫權成功穩住了曹操，保證自己偷襲荊州時無後顧之憂，避免陷入兩線作戰，最終重新保有荊州及長江中游，消除了劉備順江襲擊下游江東的威脅，可謂以自身的「尊嚴」，換來了江東鼎足天下的資格。

曹操——煎餅（飾）

孫權——麻花（飾）

劉備——瓜子（飾）

參考來源：《三國志》、白壽彝《中國通史》、張作耀《孫權傳》及《劉備傳》、軍事科學院《中國軍事通史》、陳金鳳《益州戰略與吳蜀關係》、黎東方《細說三國》、張大可《張大可文集 ·三國史》、范文瀾《中國通史》

【結親變結仇】

孫權想安排自己的兒子
娶關羽的女兒，
讓孫劉聯盟「親上加親」，
結果關羽不僅不答應還破口大罵，
以致兩家結下了大樑子。

【民間造神】

關羽忠義勇武的形象深入人心，
明清時百姓甚至給他立廟，
把他當成神仙供奉。
到今天民間還有「拜關公」的習慣。

【郎心似鐵】

早年劉備落魄時，
關羽曾收到曹操
附以重金的「邀請函」，
但他態度堅定地拒絕了，
還表明自己要與劉備共生死。

瓜子小劇場

《還是在家好》

《演戲後遺症》

瓜子
金牛座
生日：5月3日
身高：180 公分
擅長的運動：拳擊
喜歡的顏色：黃色
（瓜子擬人介紹）

白露

第五十五回◉曹魏代漢

漢，

是**華夏**歷史上**最長**的封建**王朝**，

王利榮《中國監獄史》：

「漢王朝又是我國歷史上存續時間最長的封建王朝。」

前後共**四百多年**，

孔令秋《中國法制史》：

「兩漢經歷四百餘年的統治……」

以至於「漢」成為了一個民族！

呂思勉《先秦史》：

「漢族之名，起於劉邦稱帝之後。昔時民族國家，混而為一，人因以一朝之號，為我全族之名。自茲以還，雖朝號屢更，而族名無改。」

所以即使到**東漢末天下大亂**的時候，

張大可《張大可文集·三國史》：「東漢末年，群雄割據，四分五裂，天下生靈，肝腦塗地。」

大家還是**認定**它為**正統**……

朱子彥《漢魏禪代和三國政治》：「儒學傳統深植朝野，使得人心歸漢得以長期積聚，倫紀綱常化入風俗，無形中形成了一個深厚的戴漢思想基礎。」

但凡想要**動搖**它的，

都會被反擊！

西涼來的大胖子**董卓喵**，

換了個皇帝。

軍事科學院《中國軍事通史》：「董卓以少帝癡呆為由，脅迫朝臣同意廢掉他，扶立董太后之孫劉協為獻帝。」

被**圍毆**了……

軍事科學院《中國軍事通史》：「後將軍袁術、冀州牧韓馥……同時起兵，軍隊各有數萬……他們打出『誅除國賊』『並赴國難』的旗幟，討伐董卓。」

祖上當官的自戀鬼**袁術喵**，

自立為皇帝。

范文瀾《中國通史》：「袁術也憑藉袁家勢力，據江淮間地，自稱皇帝，建都壽春。」

也被**搞死了**……

《三國志．魏書．董二袁劉傳》：
「（袁）術前為呂布所破，後為太祖（曹操）所敗。」
《後漢書．劉焉袁術呂布列傳》：
「（袁術）坐簀床而嘆曰：『袁術乃至是呼！』因憤慨結病，歐（嘔）血而死。」

這時的**漢朝**就像一瓶價值**三千塊錢**，

但**過期**的**面霜**。

擦臉不行，

柳春新《漢末晉初之際政治研究》：
「皇室的腐敗衰落……皇權運作的舊機制開始被打破……中央朝廷已名存實亡。」

但也**不想扔**……

柳春新《漢末晉初之際政治研究》：
「只要是東漢皇室繼續存在，皇帝的天下共主名分未廢止，就必然要對現實政治的運行產生影響力。」

怎麼辦呢？

這時**曹操喵**出現了！

《三國志．魏書．武帝紀》：
「建安元年（一九六年）春正月……太祖將迎天子……」

過期的「面霜」擦臉不行，
擦腳總可以吧？

范文瀾《中國通史》：
「他（曹操）親自率兵迎漢獻帝到潁川郡的許昌。用漢獻帝名義發號施令，政治上握有主動權。」

於是他拎起小皇帝！
開始了**「奉天子以令不臣」**的做法。

馬植杰《三國史》：
「操遣曹洪將兵西迎天子……從此，曹操盡收豫州之地，挾天子以令諸侯，造成政治上的極大優勢，關中諸將望風服從。」

不僅**迅速崛起，**
而且基本**戰無不勝！**

張大可《張大可文集·三國史》：
「曹操建都許昌後，經過五年的征戰，滅呂布、袁術，降張繡……官渡戰後……橫掃河北……統一北方……」

而**小皇帝**呢？

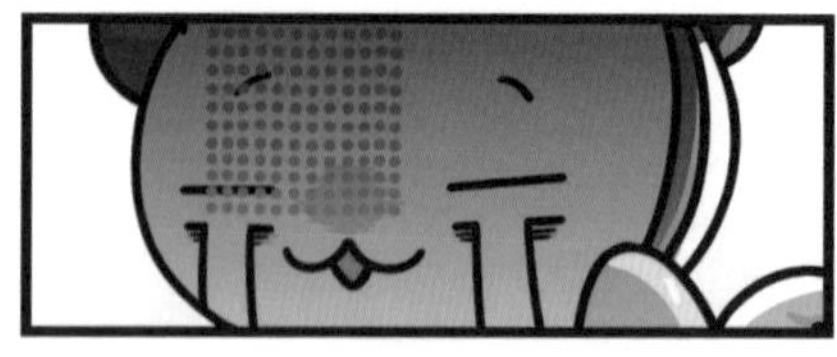

則成了**吉祥物**……

白壽彝《中國通史》：「實行『挾天子以令諸侯』的決策，實際上架空了皇帝。」

曹操喵這樣的做法，
不僅**降低**了**創業阻力**……

軍事科學院《中國軍事通史》：「（曹操）奪到獻帝，利用獻帝的名義，合法地號令四方。」

還能用**中央的名義吸引人才**。

朱子彥《漢魏禪代和三國政治》：「（曹操）利用士民忠於漢室而招攬人才，並藉此擴大政治影響和社會基礎。」

只不過……
這也讓他有時**搞不清楚**……

這些**人才**究竟是**效忠皇帝**呢，
還是效忠**自己**？

所以他乾脆把小皇帝**晾一邊**，

朱子彥《漢魏禪代和三國政治》：「漢獻帝的東漢朝廷被擱置在許昌一隅之地。」

帶著一幫員工到自己**家裡辦公**去。

朱子彥《漢魏禪代和三國政治》：「曹操攻破袁氏老巢鄴城……曹操從此長期居留在鄴城……自此，鄴就成了曹操政權的政治中心。」

雖說**東漢**這會兒已經**涼了半截**，

張大可《張大可文集·三國史》：「東漢末年的軍閥大混戰，群雄林立，東漢統治崩潰，實際上已名存實亡。」

但還是有**「死忠粉」**的，好嗎？

朱子彥《漢魏禪代和三國政治》：「漢獻帝的背後是兩漢四百年積聚的社會基礎和籠絡的人心。這種根植於人們思想深處的元素意味著當時社會上存在大量的擁漢力量。」

看見**皇上**被拿去**「擦腳」**，

「漢粉」們對**曹操喵**那個**不爽**啊……

朱子彥《漢魏禪代和三國政治》：「許昌殘存的漢朝廷百官中存在著相當規模的擁漢派，並與曹操進行了多次的殊死較量。」

於是乎，**暗殺**他的！

《後漢書．孝獻帝紀》：「（建安）五年（二〇〇年）春正月，車騎將軍董承、偏將軍王服、越騎校尉種輯受密詔誅曹操……」

嘲諷他的，

曹操曹操，你不要臉！
嘖……

朱子彥《曹魏代漢前的政治運作》：
「孔融……『見操雄詐漸著，數不能堪，故發辭偏宕，多致乖忤』，以士林領袖的身份在輿論上攻擊甚至戲侮曹操。」

甚至**自殺**給他看的……

啥?!
老大，荀大人掛了……

《三國志．魏書．荀彧荀攸賈詡傳》注引《魏氏春秋》：
「太祖饋彧食，發之乃空器也，於是飲藥而卒。」

朱子彥《漢魏禪代和三國政治》：
「或以扶漢相號召，或密謀誅操，或冒死譏諷，或自殺殉漢，前仆後繼，屢興不絕。」

就沒中斷過……

沒辦法，
他只能從**政治上「使手段」**了。

朱子彥《漢魏禪代和三國政治》：「曹操對外征伐馬不停蹄，對內經營緊鑼密鼓。」

隨著**曹操喵**勢力的鞏固，
他也不斷**提高**自己的**政治待遇**。

柳春新《漢末晉初之際政治研究》：「曹操先後任大將軍、司空、丞相……實際上是最高的統治者。」

東漢時期，
大臣見皇帝是需要**各種規矩**的。

陳戍國《中國禮制史·秦漢卷》：「朝覲禮儀最能顯示『君君臣臣』的關係，所以凡是有君臣關係的社會，沒有不重視朝覲禮儀的。」

例如**上前**時要恭敬地**小步快走**；

陳戍國《中國禮制史・秦漢卷》：「古人入朝必趨。」

例如**朝見**時要**通報名號**；

陳戍國《中國禮制史・秦漢卷》：「朝見都必須先請求批准。」注：通報後獲得批准才可朝見。

例如**進殿**前，
要**脫鞋**和**解除武器**等等。

《禮記・王制》：「其禮最輕，升堂行一獻禮畢而說（脫）履。」《戰國策》：「群臣侍殿上者，不得操尺寸之兵；諸郎中執兵，皆陳殿下，非有詔不得士。」

而**曹操喵**呢，
則**通通不用**！

《三國志．魏書．武帝紀》：「天子命公贊拜不名，入朝不趨，劍履上殿。」

此外，
他還**不斷升官**。

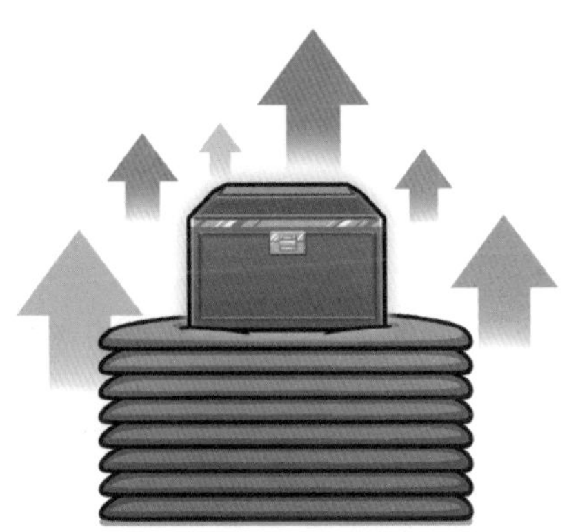

從**丞相**升到**公爵**，

王仲舉《曹操》：「建安十八年（二一三年），（曹操）用漢中央名義，以冀州魏郡等十郡，封自己為魏公……」

又從**公爵**升到**王爵**。

王仲犖《曹操》：
「……建安二十一年（二一六年），（曹操）進爵為魏王，並以子曹丕為魏世子。」

到最後，

他的**政治地位達到頂峰**，

王仲犖《曹操》：
「魏公、魏王的首都都是在鄴城，（曹操）在鄴城建立魏的社稷宗廟……在形式上已經完全和皇帝一樣了。」

而**反對**他的人**則被消滅殆盡**。

朱子彥《漢魏禪代和三國政治》：
「曹操對直接向其發難的政變人員……不管對方地位多高，與皇帝關係多麼密切，他也絕不留情，絕不手軟。」

東漢皇朝從此失去了一切**支持它**的力量。

《廿二史劄記》：

「然一切用人行政，興師討伐，皆自鄴出令，莫敢有異志……其在朝者，不過如楊彪、孔融等數文臣，亦廢且殺……欲匡漢害操，而皆無兵權。」

曹操喵除了沒有皇帝的名號外，

成為了東漢皇朝**實際的控制者**。

王仲犖《曹操》：

「在名義上固然魏王比漢獻帝矮一級，而實權方面漢獻帝只是曹操的一個傀儡工具，國家大權行賞慶罰實際都掌握在曹操手裡。」

那麼做了這麼多的**曹操喵**，

是不是想**代漢自立**呢？

范文瀾《中國通史簡編》：

「本來的土地人民，都歸曹操所有，漢帝止（只）存空名號，現在名號也相差極微，隨時可以代做皇帝。」

不好說……

至少在**所有條件都合適**的情況下，
他都**沒有取代漢帝**。

傅樂成《中國通史》：「這時曹操已是漢帝國事實上的皇帝，他卻公言沒有做皇帝的意思。」

直到他**去世都沒有**！

范文瀾《中國通史簡編》：「孫權上書勸曹操稱帝……群臣都說孫權的話很對。操說：『我如果該受天命，我要學周文王，讓我的兒子做皇帝。』」

這個**一代梟雄**帶著**大忠**和**大奸**的爭議，
退出了歷史舞臺。

《資治通鑑·卷六十九》：
「春，正月，武王至洛陽；庚子，薨。」

而他的位子由兒子**曹丕喵繼承，**

《三國志·魏書·文帝紀》：
「太祖崩，嗣位為丞相、魏王。」

他倒是在**曹操喵去世後，**
就把**漢獻帝趕下了台。**

自己**當了皇帝！**

馬植杰《三國史》：「丕代漢為帝，即魏文帝，國號魏，建都洛陽。」

這就是**魏朝！**

傅樂成《中國通史》：「獻帝『禪位』於曹丕。丕即位後，改元黃初，國號仍曰魏，是為魏文帝。」

曹魏的上臺，

意味著四百多年的**漢皇朝**正式**消亡**。

白壽彝《中國通史》：「公元二二〇年……這一年曹丕廢漢建魏，東漢名實俱亡。」

然而**魏**實則**只有半壁江山**……

作為另外兩霸的**孫劉兩家**，

又將**有啥動靜**呢？

《資治通鑑．卷六十九》：

「備舉軍東下，銳氣始盛。」

（且聽下回分解。）

「漢」，自秦末亂世中浴火而生，經歷抗爭、貧瘠、繁盛、動盪，一度衰亡卻又強勢回歸。它吸取秦亡的教訓後打磨出的社會結構、政治格局和管理形式，對中國隨後兩千年來的文化傳統和歷史演進形成了深刻影響（《講談社·中國的歷史》）；它璀璨的文化更是走向了全世界。「我們只有從世界史的高度才能估價它的意義和價值（李學勤《東周與秦代文明》）」。至本篇，漢朝終於正式落下帷幕。究竟該怎樣去總結和看待這個長四百餘年的朝代，漢後歷代甚至漢代人都提出過各種觀點；而到如今，我們的主體民族稱「漢族」，文字稱「漢字」，語言稱「漢語」，更是毋庸贅言。悠悠大漢，壯哉！

曹操、曹丕——煎餅（飾）

參考來源：《三國志》、《後漢書》、《禮記》、《戰國策》、《廿二史劄記》、《資治通鑒》、王利榮《中國監獄史》、孔令秋《中國法制史》、呂思勉《先秦史》、張大可《張大可文集·三國史》、朱子彥《漢魏禪代和三國政治》、軍事科學院《中國軍事通史》、范文瀾《中國通史》及《中國通史簡編》、柳春新《漢末晉初之際政治研究》、馬植杰《三國史》、白壽彝《中國通史》、陳戍國《中國禮制史·秦漢卷》、王仲犖《曹操》、傅樂成《中國通史》

【獻帝的反抗】

曹操對漢獻帝嚴密把控，
但獻帝不完全是個「軟柿子」，
他策劃了兩次行動試圖誅殺曹操，
雖然最終都失敗了……

【柔情霸總】

在政治上，
曹操眼光老辣，手段狠厲，
但生活中他卻十分柔軟多情。
部下戰死他痛哭悼念，
跟夫人鬧脾氣了，
他也小心翼翼地呵哄。

【三請三推】

曹丕的位子，
是逼漢獻帝「禪讓」得來的。
漢獻帝下了三次禪位詔書，
曹丕「婉拒」了三次，
直到第四次才「勉強接受」。

哎呀，讓人怪不好意思的。
到底要還是不要啊……

年糕小劇場

《年糕的筆記》

《年糕的大腦》

年糕
處女座
生日：9 月 8 日
身高：181 公分
擅長的運動：撞球
喜歡的顏色：藍色
（年糕擬人介紹）

秋分

第五十六回◉夷陵之戰

如果將**三國**的故事比喻為**企業集團**紛爭，

那麼就是在**西元220年**的時候，

漢這個百年的**老企業**……

范文瀾《中國通史簡編》：「東漢官吏貪污，豪強兼併，政治黑暗，刑罰殘暴，人民受極端嚴重的壓迫，無法繼續生活。」

終於**倒閉**了。

白壽彝《中國通史》：「公元二二〇年……東漢名實俱亡。」

大部分資產由旗下**三個子公司**瓜分，

張帆《中國古代簡史》：「曹得北方、劉得西南、孫得東南的天下三分格局基本奠定。」

這就是曹、劉、孫三家。

范文瀾《中國通史簡編》：「曹、孫、劉三大軍閥，消滅其他軍閥，形成三足鼎立的形勢。」

其中曹家的業務做得**最好**。

新任總經理**曹丕喵**，
不僅懂得為團隊**提振士氣**⋯⋯

柳春新《漢末晉初之際政治研究》：「曹丕稱魏王的那幾個月裡⋯⋯就全面推行九品官人法。」

還將母公司資產**分拆重組**，

成為新的集團**董事長**。

馬植杰《三國史》：「十月，丕代漢為帝⋯⋯」

集團代號就是**魏**。

馬植杰《三國史》：
「……即魏文帝，國號魏，建都洛陽。」

張作耀《孫權傳》：
「對於曹丕廢漢獻帝自立為魏帝的這樣大事，西蜀反應強烈，大罵曹丕『載其凶逆，竊據神器』，而孫吳不作片言公開反映（應）。」

可這下，另外**兩個**子公司尷尬了。

大家原來都是**打工**的，
現在你怎麼當**老闆**了呢？！

我把你當對手！
呃……
你竟然想當我老大？
劉
魏
孫

於是乎，

劉家總經理**劉備喵**宣佈自己**獨立上市！**

范文瀾《中國通史簡編》：「劉備在蜀稱帝，建都成都。」

企業代號還是叫**漢**，

白壽彝《中國通史》：「劉備於是在這年四月正式稱帝，國號漢。」

不過大家都只叫它蜀。

唐庚《三國雜事》：「上自司馬遷《史記》，下至《五代史》，其間數千百年……史家未有不書其國號者，而《三國志》獨不然。劉備父子相繼四十餘年，始終號漢，未嘗一稱蜀；其稱蜀，俗流之語耳。」

而孫家的**孫權喵**呢，

他倒是沒有出來單幹……

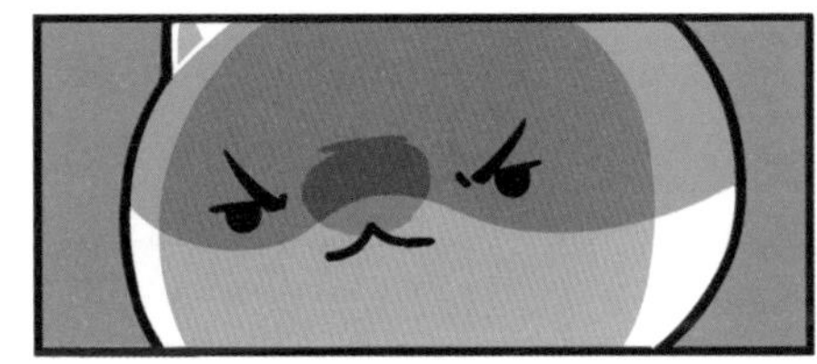

反而選擇**孫子裝到底**。

《三國志・吳書・吳主傳》：「自魏文帝踐阼，權使命稱藩。」

說起來，
之前孫權喵**搶地盤**的時候，
還背後捅了劉備喵一刀子。

白壽彝《中國通史》：
「建安二十四年（二一九年），鎮守荊州的蜀將關羽，向曹軍發動大規模的襄樊戰役……孫權……採取與曹魏聯合，達成夾擊關羽的密謀。關羽在呂蒙的偷襲下，一敗塗地，荊州全部丟失。」

總不能兩家**都得罪**對吧？

所以孫權喵乾脆拉上曹家**當靠山**啦！

張大可《三國史研究》：
「孫權破壞了聯盟……為抵禦劉備復仇，避免兩線作戰，向曹魏稱臣。」

劉備喵**鬱悶**啊！

作為**東漢末期**
老劉家**最有出息**的孩子。

《三國志．蜀書．先主傳》：「先主姓劉，諱備，字玄德……漢景帝子中山靖王勝之後也。」

不僅**祖上的基業**被搶了，

馬植杰《三國史》：「二二〇年十月，曹丕廢漢獻帝為山陽公，自立為帝。」

自己辛苦**打下來**的地盤也被挖走了，

軍事科學院《中國軍事通史》：
「呂蒙偷襲江陵之戰於建安二十四年十月開始，十二月結束，歷時兩個多月……東吳在這次戰爭中……迫使劉備退出荊州。」

還賠上一個強而有力的**業務員**。

白壽彝《中國通史》：
「關羽敗走麥城……被孫權軍隊擒獲，殺死。」

那麼**怎麼辦呢**？

在劉備喵**原本**的計畫裡，
他需要拿下**荊州**和**益州**兩塊地盤。

傅樂成《中國通史》：「如跨有荊、益……一旦事有變，荊、益同時出兵……則霸業可成。這番話成為此後劉備建功立業的準繩。」

這樣**往上**可以**幹掉曹家**，

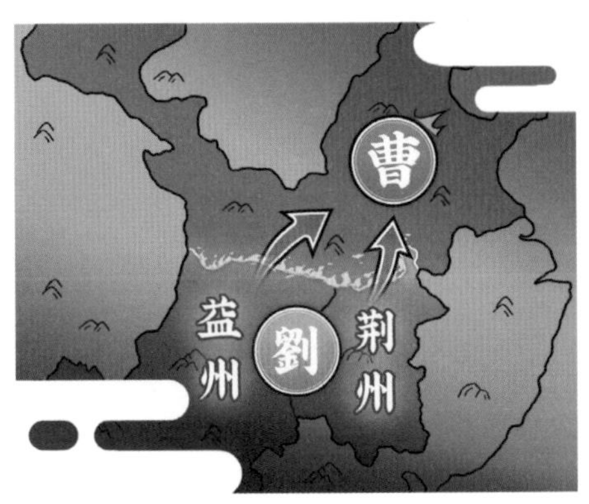

白壽彝《中國通史》：「北上可以進攻曹魏的襄樊……」

往下可以**端掉孫家**。

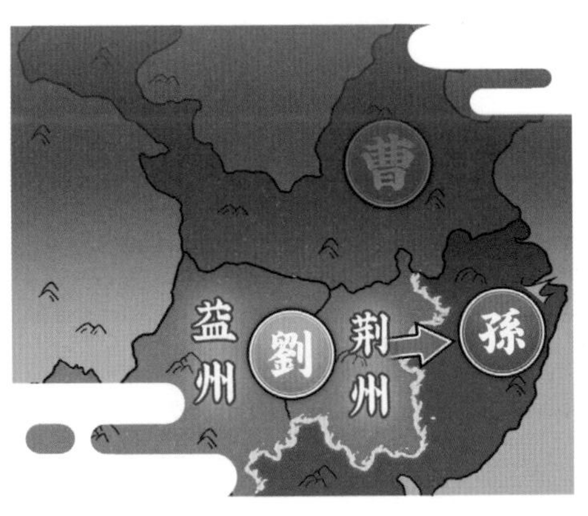

白壽彝《中國通史》：「荊州居長江上游……東下可順流達孫吳的腹地。」

最後完成統一天下的霸業！

范文瀾《中國通史》：
「佔領荊益二州……整頓內政……天下可以漸定。」

可這會兒**荊州**在孫家那兒……

白壽彝《中國通史》：
「建安二十四年十二月……孫權取得荊州。」

所以非把荊州**搶回來**不可！

白壽彝《中國通史》：
「劉備也確有攻擊孫權，奪回荊州的必要……劉備制定的藍圖中，把佔據荊州作為能否完成帝業的重要條件之一。現在失去荊州……（劉備）處境是非常艱難的。」

於是劉備喵**親自**帶著小弟們，

上門找孫家算帳！

張作耀《劉備傳》：「章武元年（二二一年）七月，劉備率諸君伐吳。」

這**氣勢洶洶**的，

還真是有點嚇到老孫家！

軍事科學院《中國軍事通史》：「東吳得報，舉國驚駭。」

孫權喵也只能**「正面迎敵」**了！

軍事科學院《中國軍事通史》：「孫權決心進行防禦以確保荊州，並據此進行準備和部署。」

而他們派出的是一個江東的**超新星**，

白壽彝《中國通史》：「陸遜……吳軍將領中一位傑出的後起之秀。」

他就是新任前線主帥**陸遜喵**。

軍事科學院《中國軍事通史》：「孫權緊急部署防禦作戰：破格提拔……陸遜為大都督。」

陸遜喵**大戶家庭**出身，

《三國志・吳書・陸遜傳》：「陸遜字伯言，吳郡吳人也。本名議，世江東大族。」

21歲就憑藉著超強的能力入職**孫氏集團**，

《三國志・吳書・陸遜傳》：「孫權為將軍，遜年二十一，始仕幕府……」

反正就是**又帥又能幹**。

面對著**來勢洶洶**的劉備喵，
陸遜喵倒是一點都**不緊張**。

白壽彝《中國通史》：
「陸遜……冷靜地等待戰機……」

他帥氣地對部下們喊了一句：

軍事科學院《中國軍事通史》：
「陸遜深知蜀軍銳氣正盛……決心實行退卻。」

是的，

陸遜喵帶著軍隊不斷**後撤，**

軍事科學院《中國軍事通史》：「從黃初二年（二二一年）七月到次年正月……陸遜接連退卻五六百里。」

把劉備喵**累得呀**……

張作耀《劉備傳》：「（劉備）長驅而進，欲戰不能。」

一直撤到一個叫**夷陵**的地方。

軍事科學院《中國軍事通史》：「陸遜退至……夷陵地區後……由退卻轉入防禦。」

這是一個處在**峽谷裡**的位置。

軍事科學院《中國軍事通史》：

「長江從蜀國白帝以東，切穿巫山山脈，經過荊州瞿塘峽、巫峽、西陵峽構成數百里的大峽谷三峽，至夷陵以北南津關出峽。」

劉備喵順著**狹長**的地勢，
連著紮下**幾百里**的軍營。

軍事科學院《中國軍事通史》：

「三峽江面最窄處約一百米，兩岸連山夾峙。」

《三國志．吳書．陸遜傳》：

「備從巫峽、建平連圍至夷陵界，立數十屯。」

劉備喵當老闆還行，

親自做業務嘛……

馬植杰《三國史》：

「劉備在軍事上……不具有第一流的韜略。」

面對紮在**四面環山峽谷**裡的大軍，

陸遜喵上線了。

白壽彝《中國通史》：

「由於蜀軍在山地佈陣，兵力難以展開，而且勞師費時……陸遜見有機可乘，立即下令全線出擊。」

他把谷口**一堵**……

緊！

夷陵

軍事科學院《中國軍事通史》：

「陸遜針對蜀軍的部署……阻擊蜀軍前鋒於夷道。」

再扔下**一把火**……

白壽彝《中國通史》：「陸遜命令士兵人人帶上一把茅草，順風點火……」

浩浩蕩蕩的劉備大軍瞬間**燒了起來！**

白壽彝《中國通史》：「於是，吳軍將士衝入蜀軍陣地，放起火來，頓時火勢熊熊，蜀軍營帳化成一片火海。」

影視劇小說裡說的**「火燒七百里連營」**，
就是指這個。

《三國演義》：「第八十四回：陸遜營燒七百里。」

劉備喵帶著一身燒烤味**倉皇逃竄**。

仗……就這麼打完了……

白壽彝《中國通史》：「蜀軍的四十餘座營寨都不復存在了。劉備只好收拾殘部，退守夷陵西北的馬鞍山。」

史稱**「夷陵之戰」**。

夷陵的戰敗，

使剛建立的蜀漢政權**元氣大傷，**

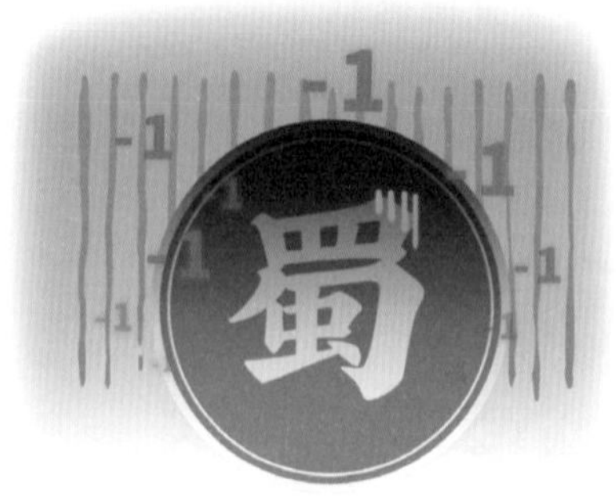

張大可《三國史研究》：「夷陵之戰，使蜀國慘敗，國力更加削弱。」

劉備喵從此**再無力量**與孫權爭奪**荊州**。

白壽彝《中國通史》：「在吳、蜀打了一大規模的戰役後……劉備到此已無力量與孫權爭荊州。」

三分天下的局面**徹底**固定了下來。

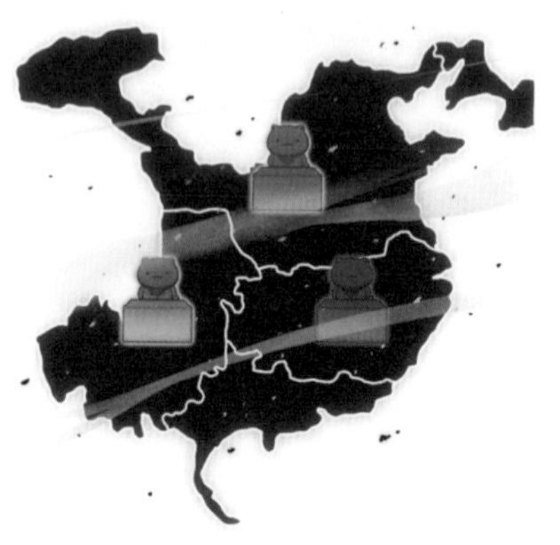

軍事科學院《中國軍事通史》：「此戰（夷陵之戰）……解決了蜀、吳圍繞荊州的戰略衝突，結束了東西方的軍事較量。」

鼎立階段正式形成。

軍事科學院《中國軍事通史》：「從此，三國穩定了各自的疆域，正式進入鼎立階段。」

那麼以**慘敗收尾**的劉備喵，
又將迎來怎樣的命運呢？

白壽彝《中國通史》：「蜀軍損失慘重，丟掉了四萬多人，舟船、器械、水步軍資也損失殆盡。劉備連夜向西突圍，抄小道逃往白帝城。」

（且聽下回分解。）

編者按

現在常用「三國時期」來指代東漢末年這一亂世。但從嚴格意義上說，直到夷陵之戰三方分別稱帝、封王，「三國」才真正成立。而夷陵之戰，這場「三國三大戰役」中的最後一戰也對三方格局的定型產生了關鍵性影響。

首先，夷陵之戰大大削弱了蜀漢，東吳也因投入大量人力財力而消耗過大。兩方戰後都陷入無力擴張、謹慎自保的狀態。其次，東吳在戰前向曹魏稱臣以求共抗蜀漢，不料曹魏不僅不出兵協助，甚至趁東吳戰後恢復時出兵征討，導致魏吳聯盟破裂。或許是曹魏估算失誤，其屢次伐吳都未能成功。聯盟不成，強攻不下，三國由此進入彼此戒備和試探的鼎立相持階段。

參考來源：《三國志》、《三國演義》、白壽彝《中國通史》、柳春新《漢末晉初之際政治研究》、馬植杰《三國史》、張作耀《孫權傳》及《劉備傳》、范文瀾《中國通史簡編》及《中國通史》、唐庚《三國雜事》、張大可《三國史研究》、軍事科學院《中國軍事通史》、傅樂成《中國通史》、張帆《中國古代簡史》

【結盟失敗】

為防止曹家「黃雀在後」，
劉備東征前還想過與曹丕結盟。
可曹丕沒多久就「篡漢」了，
這劉備可不能忍，
所以放棄了結盟。

【吃硬不吃軟】

劉備打來，孫權其實先求過和，
但劉備不接受還堅決要打，
孫權這才決定硬槓。
他緊急部署防禦作戰，
提拔了青年將才陸遜。

【出將入相】

陸遜能文能武，
21歲時投奔了孫權。
他不僅在戰場上有勇有謀，
力挫敵軍，脫下戰袍後官拜丞相，
治理朝政也有一套。

湯圓小劇場

《說好的減肥》

《選擇困難拖延症》

湯圓
水瓶座
生日：2 月 14 日
身高：168 公分
擅長的運動：網球
喜歡的顏色：白色
(湯圓擬人介紹)

寒露

第五十七回 ◉ 永安託孤

自從夷陵**戰敗後**，

張大可《張大可文集·三國史》：「公元二二二年閏六月，吳將陸遜大破劉備於夷陵，蜀軍只有千餘人逃回。蜀漢連遭大敗……」

劉備喵就**「憂鬱」**了……

馬植杰《三國史》：「劉備敗退以後……由於疲困、慚恚各種情緒的浸襲，身患重病。」

每天雙眼**無神**，
進入了**「等死」**的狀態。

張作耀《劉備傳》：「劉備兵敗……不久便染疾在身，臥床不起了。」

他**發愁**啊……

因為現在不僅他建立的**政權「年紀小」**，

馬植杰《諸葛亮》：
「劉備……公元二二一稱帝，
公元二二三在白帝病重。」

自己**崽子**的**年紀也小**。

馬植杰《諸葛亮》：
「劉禪……是一個十七歲的少年，不能擔負起國家的大事。」

要是他沒了，

曹、**孫兩家**可不是鬧著玩的。

余明俠《諸葛亮評傳》：
「蜀漢與吳、魏兩國的關係都很緊張。」
馬植杰《三國史》：
「蜀在三國中，領土和人民最為小弱。」

於是，**劉備喵**從**總部**招來了一個大臣。

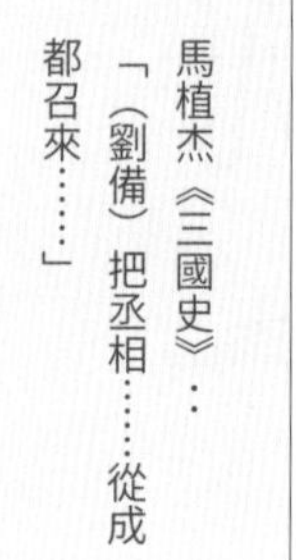

馬植杰《三國史》：
「（劉備）把丞相……從成都召來……」

決定將一切**託付**給他。

他就是**諸葛亮喵！**

張作耀《劉備傳》：「劉備……力保在劉氏江山不易的情況下，把最高權力交給諸葛亮。」

諸葛喵天生**氣度不凡，**

《三國志．蜀書．諸葛亮傳》：「亮少有逸群之才，英霸之器，身長八尺，容貌甚偉，時人異焉。」

但**早年間**有點**慘。**

他出生時是個**「官二代」**，

《三國志‧蜀書‧諸葛亮傳》：
「（諸葛亮）父珪，字君貢，漢末為太山郡丞。」

可沒多久，
當**官**的爹就**「掛」了**。

兄弟幾個靠著**叔叔**一力拉扯。

白壽彝《中國通史》：
「諸葛亮父母早亡，投靠了叔父豫章太守諸葛玄。」

為了生活，
叔叔帶著他們搬到**荊州**。

白壽彝《中國通史》：「後來諸葛玄為避世亂，帶著諸葛亮投奔了荊州牧劉表。」

喀喀，結果叔叔**也「掛」了**……

《三國志·蜀書·諸葛亮傳》注引《獻帝春秋》：「建安二年（一九七年）正月，西城民反，殺玄，送首詣繇。」

真的有點**慘**啊……

從此，

諸葛喵便在**荊州的郊區種地為生**。

余明俠《諸葛亮評傳》：

「諸葛亮……搬到距離襄陽不遠的鄉村居住，這樣既可以通過耕耘土地，在經濟上基本上達到自給……」

不過他一邊**種地**，

一邊努力**讀書**，

余明俠《諸葛亮評傳》：

「……同時，還可以利用農閒到襄陽遊學，汲取教益。」

而且還**讀得很好**，

白壽彝《中國通史》：

「（諸葛亮）不但熟知天文地理，而且精通戰術兵法……他十分注意觀察和分析當時的社會，積累了豐富的治國用兵的知識。」

豐富的**學識**，

讓他成為**荊州讀書人**圈中的**人氣王**。

余明俠《諸葛亮評傳》：

「諸葛亮與其摯友徐庶，俱曾向司馬徽趨謁請益。彼此輾轉相引，孔明結識的師友遂越來越多。」

白壽彝《中國通史》：

「熟悉他的人都認為他是個了不起的人才，就像臥龍一樣隨時準備騰飛而起。」

當地的**豪族**甚至還把女兒**嫁給他**。

習鑿齒《襄陽耆舊記》：

「黃承彥，高爽開朗，為沔南名士，謂孔明曰：『聞君擇婦；身有醜女，黃頭黑面，才堪相配。』孔明許焉，既載送之。」

簡直**搞定了**從上到下的**所有階層**。

張大可《張大可文集・三國史》：

「他（諸葛亮）隱居隆中，廣交江南名士……還與流寓的北方士人博陵崔州平，潁川石廣元、徐庶，汝南孟公威等人交好。」

所謂不想當網紅的**讀書人**不是好農民，

這樣的**好名聲**，
自然吸引到了老闆**上門**招聘。

《三國志．蜀書．諸葛亮傳》：「徐庶見先主，先主器之，謂先主曰：『諸葛孔明者，臥龍也，將軍豈願見之乎？』先主曰：『君與俱來。』庶曰：『此人可就見，不可屈致也。將軍宜枉駕顧之。』由是先主遂詣亮……」

沒錯，
這個老闆就是當時還在**荊州**當保安的**劉備喵**。

張大可《三國史研究》：「公元二〇七年……劉備尚無立錐之地，寄人籬下，為荊州牧劉表看守北方的大門。」

劉備喵不僅**上門**，

還上了**三次**門。

白壽彝《中國通史》：「於是(劉備)帶著關羽、張飛，從駐地前往隆中拜訪，沒想到一連兩次都吃了閉門羹，第三次才見著。」

嗯……

好……好感動呀……

諸葛喵這才**心甘情願**地跟他走。

白壽彝《中國通史》：
「諸葛亮見劉備虛懷若谷，抱負宏大，當下就痛快地答應了劉備的請求。」

三顧茅廬的故事就是這麼來的。

《三國志．蜀書．諸葛亮傳》：
「由是先主遂詣亮，凡三往，乃見。」
白壽彝《中國通史》：
「劉備三顧茅廬，第三次才見到諸葛亮。」

成功入職的諸葛喵，
成為了劉氏集團**強而有力**的幫手。

白壽彝《中國通史》：
「（劉備）懇切地請諸葛亮出山，幫助他完成興復漢室的大業……不久，劉備以隆重的禮節把諸葛亮接到了自己的駐地。」
余明俠《諸葛亮評傳》：
「孔明就正式參加了劉備的政治集團。」

劉備喵被追殺時，

張大可《三國史研究》：「公元二〇八年，曹操大舉南下，兵不血刃下荊州，劉備敗於長坂坡……」

諸葛喵去**搬救兵**。

張大可《三國史研究》：「……諸葛亮『受任於敗軍之際，奉命於危難之間』，出使江東，聯結孫權。」

劉備喵出去**打地盤時，**

諸葛喵則為他**做後勤**。

《三國志・蜀書・諸葛亮傳》：「先主外出，亮常鎮守成都，足食足兵。」

劉備喵這條**「鹹魚」**，
自從有了**諸葛喵**後……

完成了**翻身**的「逆襲」。

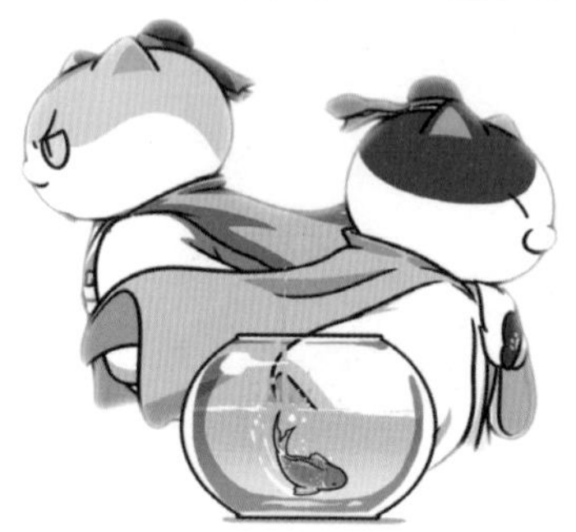

張大可《三國史研究》：「劉備三顧茅廬，請計於諸葛亮……從此劉備的事業才出現了轉機。」

【如果歷史是一群喵】

成語**「如魚得水」**說的就是他們。

《三國志．蜀書．諸葛亮傳》：「先主解之曰：『孤之有孔明，猶魚之有水也。』」

《中華成語詞典》：「如魚得水：好像魚得到水一樣。比喻有所憑藉。也比喻得到跟自己十分投合的人或對自己很合適的環境。」

然而世事總是無法**一直**好下去。

夷陵的**兵敗**，

終歸為這緊密的**君臣關係**

送上了**最後一道難題**，

田余慶《秦漢魏晉史探微》：「夷陵兵敗，劉備病篤，蜀國更有動搖之虞。」

這，就是**託孤之難**。

朱紹侯《中國古代史》：「自劉備兵敗猇亭……蜀國元氣大傷，人才凋零……時稱蜀國『主幼國危』，政權有傾覆的危險。」

蜀漢政權，

是一個**剛建立不久**的政權。

田余慶《秦漢魏晉史探微》：「劉備稱帝，基礎不能說牢固。」

內部勢力既**混亂**又**複雜**。

田余慶《秦漢魏晉史探微》：「劉備征服劉璋，劉璋部署全體進入劉備陣營以後，客和主、新和舊合流，其分野實際還存在，不過不再是軍事上兩個營壘的區分，而是政治上……的區分。」「蜀國臣僚中潛伏著新舊糾葛，是蜀政中最大的隱憂。」

在這樣的背景下，
開國之君**即將死亡**，

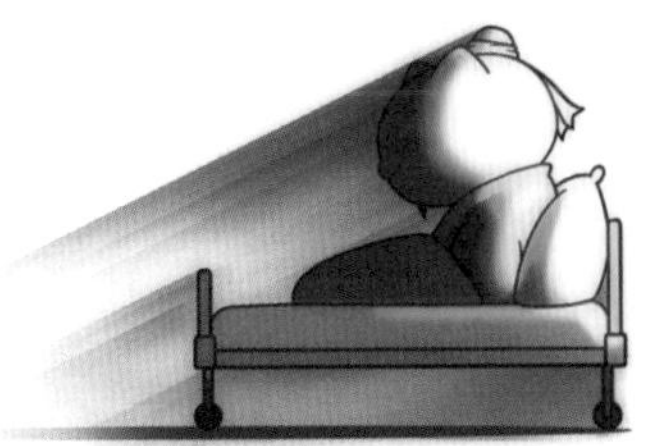

白壽彝《中國通史》：「章武三年（二二三年）四月，劉備病情惡化。」

少主卻還**年幼**。

《三國志·蜀書·諸葛亮傳》：「及備殂沒，嗣子幼弱。」

甚至早期一起創業的**老臣**，
也都**不在了**。

余明俠《諸葛亮評傳》：
「自關羽敗亡以來，蜀漢的
良臣名將幾乎凋喪殆盡了。」

形勢可以說**非常危急**。

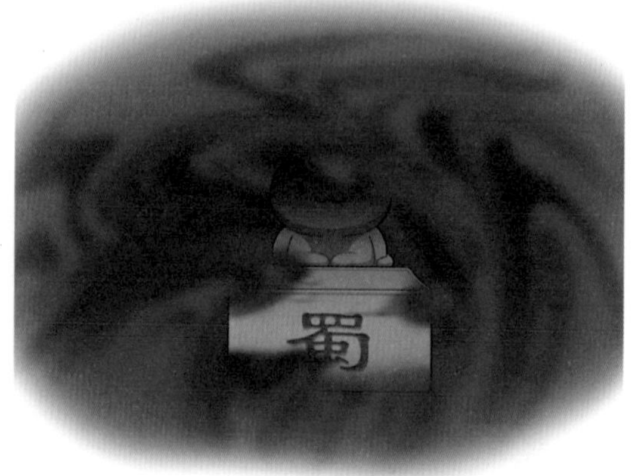

於是乎，
一直坐鎮後方的**諸葛喵**，
成了託付一切的**唯一選擇**。

馬植杰《諸葛亮》：
「諸葛亮不但是荊州地主集團中才能最為突出的，並且也是其中跟隨劉備較早和劉備關係較深的人……事實上劉備也只有把蜀漢的政權置於諸葛亮的領導之下，才是正確與可靠的辦法。」

西元223年，
劉備喵在**群臣**面前**正式**將國家交與**諸葛喵**。

余明俠《諸葛亮評傳》：
「劉備於彌留之際，召見在永安的隨侍群臣，宣佈詔令：『託孤於諸葛亮。』」

並說下那句**流傳千古**的遺言。

《三國志．蜀書．諸葛亮傳》：
「先主於永安病篤，召亮於成都，屬以後事，謂亮曰：『君才十倍曹丕，必能安國，終定大事。若嗣子可輔，輔之；如其不才，君可自取。』」

對於這句話，
世人有很多**猜測**。

余明俠《諸葛亮評傳》：
「關於劉備白帝城託孤之事，主要是『如不才，君可自取』等語，在當時以至後世一直議論紛紜，莫衷一是。」

有的認為這是史上**最真摯**的**君臣情誼**；

《三國志．蜀書．先主傳》：
「及其（劉備）舉國托孤於諸葛亮，而心神無貳，誠君臣之至公，古今之盛軌也。」

有的則認為是**劉備喵陰險的試探**。

余明俠《諸葛亮評傳》：「清代編修的《通鑒輯覽》認為，劉備既然託孤於諸葛亮，就不應該再說『如其不才，君可自取』之類不信任的話，其目的無非是逼孔明公開表態『效忠貞之節，繼之以死』而已。」

但無論如何，**劉備喵**的這句話不僅**肯定了**諸葛喵，

馬植杰《三國史》：「劉備對諸葛亮的寥寥數語，表達了他對亮的倚重和信任。」

更是**鞏固了**諸葛喵的**政治地位**。

為他後面**執掌**蜀漢政權和**輔助**少主，

提供了**有力支援**。

張作耀《劉備傳》：「劉備『託孤』……加強了諸葛亮的權力，從而也有效穩定了蜀漢秩序。」

從此，

劉備喵安心地閉上雙眼，

走完了他**艱辛的創業人生**。

《三國志・蜀書・先主傳》：「（二二三年）夏四月癸巳，先主殂於永安宮，時年六十三。」

而諸葛喵則扛下了這**沉重的江山**。

張大可《張大可文集・三國史》：「諸葛亮全面肩負了蜀漢的治國重任。」

蜀漢政權由此進入**諸葛時代**。

張大可《張大可文集．三國史》：「諸葛亮受遺命輔後主，改元建興。」

在**風雨飄搖**中，
諸葛喵將如何邁出下一步呢？

《三國志．蜀書．諸葛亮傳》：「建興元年（二二三年），封亮武鄉侯，開府治事。」

（且聽下回分解。）

編者按

明君賢臣可說是古代士人所追求的理想之一，而從「三顧茅廬」到「臨終託孤」，劉備與諸葛亮的關係可說是無處不使人欣羨。三國後近兩千年的時間裡，士人們將自己對理想君臣情誼的期盼都投射到這二人身上；他們通過不斷評議或再創作的方式拔高這段關係，將其推崇至「千古楷模」，為個人追求塑造一個可見的目標。故不管是研讀後期史料還是欣賞影視劇作品，我們常見的也正是這樣的形象。

借用易中天先生「歷史形象、文學形象和民間形象」的分析法，我們在看待歷史人物時，雖難以將積澱了千年的文化和情感從其身上完全剝離開，但多少能對人物形成一個相對全面和理性的認識。

諸葛亮——花卷（飾）

劉備——瓜子（飾）

參考來源：《三國志》、《中華成語詞典》、張大可《張大可文集・三國史》及《三國史研究》、馬植杰《三國史》及《諸葛亮》、張作耀《劉備傳》、余明俠《諸葛亮評傳》、白壽彝《中國通史》、習鑿齒《襄陽耆舊記》、田余慶《秦漢魏晉史探微》、朱紹侯《中國古代史》

附錄

【基因優良】

諸葛家族出人才。
除了蜀相諸葛亮，
還有東吳大將軍諸葛瑾、
曹魏大將軍諸葛誕。
有人評價「蜀得其龍，
吳得其虎，魏得其狗」。

【《隆中對》】

劉備三顧茅廬打動了諸葛亮，
諸葛亮答應「出山」，
還幫劉備制定了
「奪天下行動指南」──《隆中對》。

【爭風吃醋】

諸葛亮正式加入劉備集團之後，
從早到晚都和劉備黏在一起
討論時事和策略，
感情好得關羽和張飛都嫉妒了。

花卷小劇場

《河神 1》

一天，花卷路過河邊，不小心把斧頭掉進河裡。

這時，河神出現了。
哇……

年輕人，這把金斧頭是你掉的嗎？

是的，送給你吧，我還有很多。

《河神 2》

一天，花卷路過河邊，不小心又把斧頭掉進河裡。

這時，河神又出現了。

年輕人，這裡有金斧頭和銀斧頭……
你掉的是哪一把啊？

呃，都不是，我那把是鑽的。

花卷
獅子座
生日：8 月 15 日
身高：179 公分
擅長的運動：電競
喜歡的顏色：金色
（花卷擬人介紹）

霜降

第五十八回 ◉ 諸葛治蜀

話說，

劉備喵將一切**託付**給**諸葛喵**後……

白壽彝《中國通史》：「臨終前，（劉備）派人把諸葛亮請到白帝城，託付後事。」

就死了。

白壽彝《中國通史》：「章武三年（二二三年）四月，劉備病情惡化，死於白帝城永安宮，終年六十三歲。」

留下了**蜀漢**這麼一個**爛攤子。**

余明俠《諸葛亮評傳》：「在劉備新喪、劉禪幼弱的情況下，諸葛亮面臨的形勢是嚴峻的。」

這時的**蜀**，

對外剛剛**打了敗仗**，

余明俠《諸葛亮評傳》：「時值夷陵兵敗不久，元氣未復。」

對內則**窮**得叮噹響。

余明俠《諸葛亮評傳》：「再加上頻年用兵，民生凋敝。」

反正就是**「虛」得很**。

朱紹侯《中國古代史》：「劉備兵敗猇亭又病死之後，蜀國元氣大傷，人才凋零……政權有傾覆的危險。」

那麼，作為**新**一任 的**「爛攤王」**，

諸葛喵**該怎麼做**呢？

朱紹侯《中國古代史》：「諸葛亮在受劉備托孤輔佐後主之後，著重考慮的是如何使弱小的蜀國能迅速恢復元氣……維持三國之間的均勢。」

他做了**兩件事！**

首先是**恢復外交**，

白壽彝《中國通史》：「諸葛亮輔政後的第一件大事是恢復和孫吳的聯盟。」

在當時的情況下，
「三足鼎立」的格局已經**形成**。

軍事科學院《中國軍事通史》：「三國鼎立階段開始時，即在夷陵之戰結束後。」

對於蜀來說，
打曹魏呢，

打不過……

張大可《張大可文集·三國史》：「蜀無法單獨與魏抗衡……」

打東吳呢，

剛被揍過……

張大可《張大可文集・三國史》：「夷陵之戰，蜀國慘敗，國力削弱。」

反正「三國」裡面就它**最弱**……

張帆《中國古代史簡史》：「蜀漢在三國中版圖最小，戶口最少，實力最弱。」

所以諸葛喵**上臺後**，
就重新向**東吳**發出**好友邀請**。

朱紹侯《中國古代史》：「諸葛亮於二二三年十月派尚書鄧芝出使東吳。」

面對**魏國**的**威脅**，
東吳其實**也不想僵著**。

軍事科學院《中國軍事通史》：「吳、蜀在魏國的壓力下，只能各自單獨抗魏，彼此非但無法支援，而且還要相互戒備。吳、蜀兩國……為了擺脫這一不利處境，向重新結盟做出了很大努力。」

於是**吳蜀聯盟**很快便**復合**！

白壽彝《中國通史》：「諸葛亮於二二三年派鄧芝出使孫吳。雙方經過談判，孫權斷絕同曹魏的關係，重新和蜀漢結成聯盟。」

互加成功
對吧，咱們不在一起很容易死的。
嗯，還是一起打曹魏爽。
吳
蜀

「三國」關係回到**吳蜀抗魏**上來。

軍事科學院《中國軍事通史》：「吳、蜀恢復聯盟……三國之間……過渡到了穩定的兩弱（吳蜀）抗一強（魏）的狀態。」

然而外部環境得到緩解，

蜀的**內部問題**也不小。

朱紹侯《中國古代史》：「這一舉措（吳蜀聯盟），為蜀立國爭取到了良好的外部環境。」

馬植杰《三國史》：「劉備伐吳失敗，喪失了許多軍隊，丟掉了大批軍用物資，而且內部也不穩定。」

【如果歷史是一群喵】

蜀這個政權，
是劉備喵**奪取益州後**建立的。

軍事科學院《中國軍事通史》：「二一四年四月……劉備佔領了劉璋益州……二二一年四月以繼承漢統名義，在成都武擔以南即皇帝位。」

益州的本土勢力明面上**被統治著**，

暗地裡卻仗著自己的**勢力橫行霸道**，

軍事科學院《中國軍事通史》：

「由於劉璋懦弱畏懼，對土著豪強大族有法不依，執法不嚴，助長了益州豪強的驕橫專權和公室衰弱……」

翦伯贊《中國史綱要》：

「（劉備）盡力籠絡劉璋舊部和益州地主，以圖緩和緊張局勢。」

該怎麼辦呢？

上法治！

軍事科學院《中國軍事通史》：

「……諸葛亮針對這一積弊，以法治國。」

沒錯，

諸葛喵做的**第二件事**就是

嚴厲地**實行「依法治蜀」的方針。**

朱紹侯《中國古代史》：「在政治上，諸葛亮針對益州自東漢以來『德政不舉，威刑不肅』的弊病，嚴格實行法治。」

簡單講就是，

守法聽話的給糖。

軍事科學院《中國軍事通史》：「對願意為國效勞的（益州地主），給予仕進之路。」

違法亂紀的給槍！

軍事科學院《中國軍事通史》：「對為非作歹的，嚴厲重罰。」

【第五十八回 諸葛治蜀】

經過鐵腕管理，

蜀漢不僅逐漸**走出**戰後的**混亂**，

朱紹侯《中國古代史》：「諸葛亮通過法治，的確收到了使政治比較清明，社會風氣逐漸好轉的效果。」

還通過**發展農業**，

朱紹侯《中國古代史》：「在經濟上，諸葛亮充分利用益州原有的條件……全力『務農殖穀，閉關息民』。」

恢復了**經濟**。

然而，

僅僅**恢復**元氣根本**不足以抗衡**另外兩國。

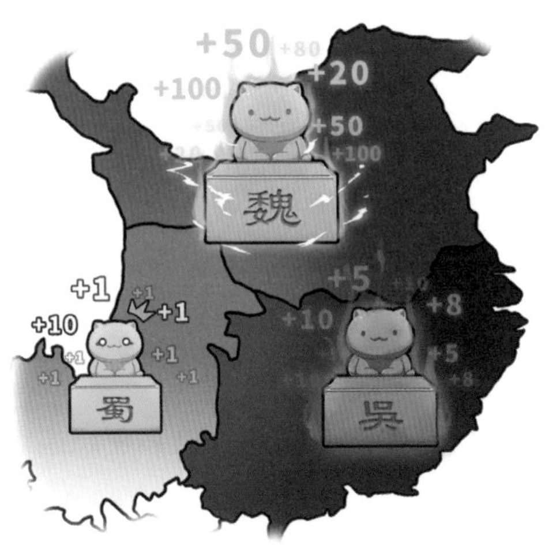

翦伯贊《中國史綱要》：「但是蜀國與魏、吳相比，在經濟上和軍事上，都還是最弱的國家。」

怎樣才能把實力**提升一個等級**呢？

諸葛喵**瞄準**了當時益州南部的**「夷族們」**。

朱紹侯《中國古代史》：
「在蜀漢的南部，即今之雲南、貴州和川南地區，當時稱為『南中』，生活著許多少數民族，總稱為『西南夷』。」
白壽彝《中國通史》：
「為了解除……後顧之憂和開拓兵源財源，諸葛亮……要安定南中。」

這些**夷民**趁著劉備喵**剛「掛」**便起來**造反**。

朱紹侯《中國古代史》：
「二二三年劉備死，蜀國『主幼國危』的形勢下，南中又發起了反叛。」

而他們所占**地區**不僅**物資豐盛**，

馬植杰《三國史》：
「（益州）這塊小小的領土中，南中又要占去一半，在這半壁疆土中，有豐富的金、銀、丹、漆、耕牛、戰馬……」

而且**喵民**數量**眾多**。

馬植杰《三國史》：
「……還有性情質樸而強悍善戰的各族人民。」

嘿嘿！
正好拿來當升級的**「祭品」**。

於是乎，

諸葛喵領著大軍就**碾過去**。

白壽彝《中國通史》：「二二五年三月，諸葛亮親率大軍南征平叛。」

夷族喵雖然很**頑強**，

但哪裡是**中原正規軍**的對手。

余明俠《諸葛亮評傳》：「蜀漢大軍多是經過嚴格訓練和具有戰鬥經驗的精銳之師，而高定所部（南中叛亂軍）則系烏合之眾，士兵的武器和素質也均不能與漢軍相比。」

連**首領**都被瘋狂**「調戲」**，

不但被**抓了七次**，
還被**放了七次**，

白壽彝《中國通史》：「當地少數民族首領……繼續與蜀軍對抗……諸葛亮突然下令，對（南中首領）只能生擒，不許傷害……又放走了他。如此一捉一放，前後七次。」

直到**沒了脾氣**……

白壽彝《中國通史》：「當最後諸葛亮又要放他走時，（首領）心悅誠服地對他說：『公，天威也，南人不復反矣！』」

這首領叫**孟獲**。

張帆《中國古代簡史》：「諸葛亮……恩威並施，對其首領孟獲七擒七縱，最終保證西南夷完全臣服於蜀國。」

「七擒七縱」的故事講的就是這個。

馬植杰《三國史》：「七擒七縱孟獲的故事後來被廣泛傳播。」

最終，南部的**叛亂**被全部**平定**下來。

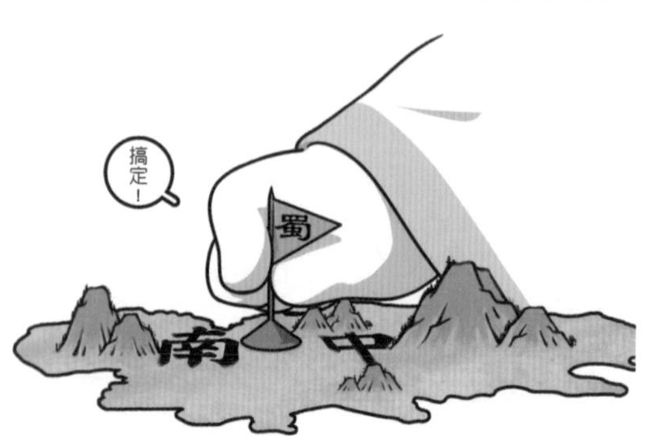

白壽彝《中國通史》：「此後，諸葛亮相繼平定南中其他地方，一直打到南邊的滇池……妥善地解決了蜀漢政權和南中地區的關係。」

蜀因此也獲得大批的**兵源軍資**，

白壽彝《中國通史》：「諸葛亮平南中後，達到了增兵增財的目的，『軍資所出，國以富饒』。」

「**國力**」實實在在地**提升**了一級。

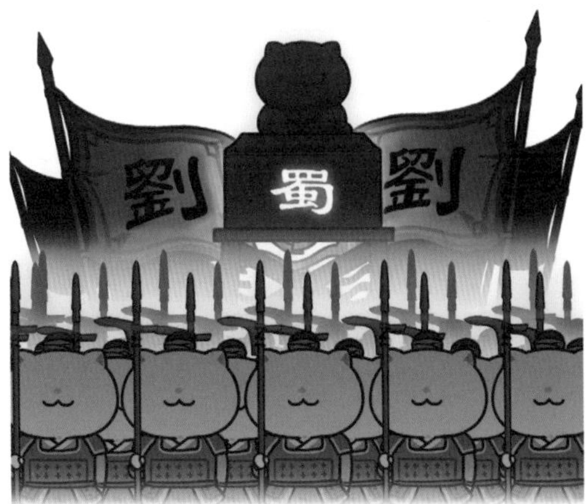

白壽彝《中國通史》：「後來南中發展成為蜀漢政權比較穩定的後方和財政收入來源地。那裡的金、銀、丹漆、耕牛、戰馬以及其他物資，被大量地運送出來，補充了蜀漢政權的財政和軍事之需。蜀漢政權從南中征得的大批士兵，發展成為一支作戰勇敢的『飛軍』。」

在**接手國政**的三年間，
諸葛喵**力挽狂瀾**，

《三國志．蜀書．諸葛亮傳》：「建興元年（二二三年），封亮武鄉侯，開府治事。」「三年春，亮率眾南征……其秋悉平。」

不僅讓**危急**的蜀漢**政權平安過渡**，

軍事科學院《中國軍事通史》：「蜀國在諸葛亮的治理下，政治清明，階級矛盾緩和，贏得人民的好感。」

還使**蜀漢**一方的**勢力**得到了**提升**。

法律出版社《中國法制通史》：「諸葛亮兢兢業業，善於治國，蜀漢地區的政治、經濟與文化事業取得了很大的發展。」

然而，

偏霸一隅的蜀漢政權，

仍然需要**面對**曹魏政權的**威脅**。

軍事科學院《中國軍事通史》：「魏國國力增強，對……蜀國造成持久的壓力。」

諸葛喵的下一步，

又該怎麼走呢？

《三國志・蜀書・諸葛亮傳》：「亮……乃治戎講武，以俟大舉。」

（且聽下回分解。）

編者按

比起對他「善謀略」的討論，諸葛亮的政治成就卻相對較少被人提及。

細想來，早年間他作《隆中對》準確分析敵我形勢，使劉備集團得以生存壯大，最終成功「引導歷史走向三分」（張大可《三國史研究》）；接管蜀漢後，他大膽改變以德行為標準選官及治世的方法，通過制定明文條款，爭取「賞罰必信，無惡不懲，無善不顯」，以「法治」迅速穩定蜀漢政局，緩和社會階級矛盾並達成「風化肅然」。這些都體現了他作為政治家的眼光、魄力和手腕，部分史學家甚至把他視作三國時期能與曹操、孫權、劉備三位雄主相提並論的「第四位」傑出政治家。

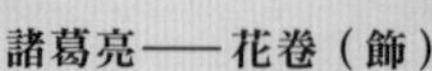

諸葛亮——花卷（飾）

劉備——瓜子（飾）

參考來源：《三國志》、白壽彝《中國通史》、余明俠《諸葛亮評傳》、朱紹侯《中國古代史》、張大可《張大可文集·三國史》、張帆《中國古代史簡史》、軍事科學院《中國軍事通史》、馬植杰《三國史》、翦伯贊《中國史綱要》、法律出版社《中國法制通史》

【織布養兵】

諸葛亮執政時還大力發展經濟，
比如蜀錦織造業。
精美的蜀錦出口魏、吳
甚至西方各國，
換回了大量黃金來做蜀國的軍費。

【兩袖清風】

諸葛亮的一生清正廉潔，
沒有積累富餘的私財，
死後也沒留下什麼遺產，
唯一留下的只有種在自家後院的桑樹。

【諸葛饅頭】

諸葛亮征討南部蠻族時，
按當地的習俗要用人頭祭神來求勝利，
諸葛亮不忍，
就拿白麵裹肉蒸熟代替人頭。
這也成了如今「饅頭」由來的傳說之一。

一群喵檔案

拉麵小劇場

《麻花的麵》

拉麵，我買到了限量版的泡麵，你要嘗一口嗎？
好呀！好呀！

吸溜……

吸溜……
吸溜……
吸溜……
呃？

啊？

《章魚丸》

現在有五顆章魚丸子。
我跟拉麵分享……
最終會剩一顆……
要怎麼奪得「最終勝利」呢？

不不不，你吃吧！
給！
如果我直接給他……
一般情況下，正常人都會做出禮讓的。

那我就不客氣了！哈哈哈！
然後再變被動為主動！
完美！

水餃你在發什麼呆啊？
啊?!

拉麵
雙子座
生日：6 月 1 日
身高：180 公分
擅長的運動：擲飛鏢
喜歡的顏色：咖啡色
（拉麵擬人介紹）

立冬

第五十九回◉以攻為守

自西元**228年起**，

諸葛喵便開始了長達**七年**的**伐魏戰爭**，

張大可《張大可文集・三國史》：「從公元二二八年至二三四年，七年之中，諸葛亮五次伐魏。」

史稱**「諸葛北伐」**。

張大可《三國史研究》：「『諸葛亮出師』……由於第一次出兵的主攻方向是隴山……學術界研究，通稱『諸葛亮北伐』。」

雖然經過了**短暫的發展**，

范文瀾《中國通史簡編》：「亮整頓內政，獎勵農耕，息民練兵……蜀漢內部平安。」

蜀仍然是**三國中**實力**最弱**的一個。

朱紹侯《中國古代史》：「在魏蜀吳三國中，蜀國力量最弱。」

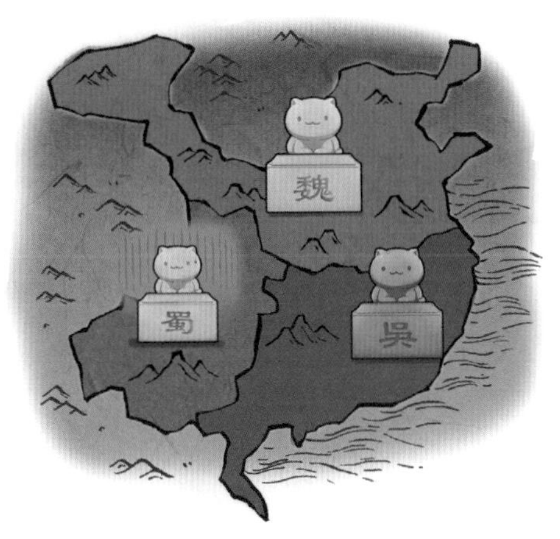

作為一個**弱國**，

諸葛喵**為何**要不斷**主動出擊**呢？

因為**形勢變了**，

朱紹侯《對諸葛亮南征北伐的評價》：「諸葛亮北伐時的形勢與《草廬對》時期完全不同。」

在**原本**的計劃里，

蜀漢集團需要以**荊**、**益**兩州為基礎。

軍事科學院《中國軍事通史》：「為了給北伐作準備，劉備集團積極實現《隆中對》規劃的跨有荊、益的計劃。」

兩路出兵去攻打曹魏。

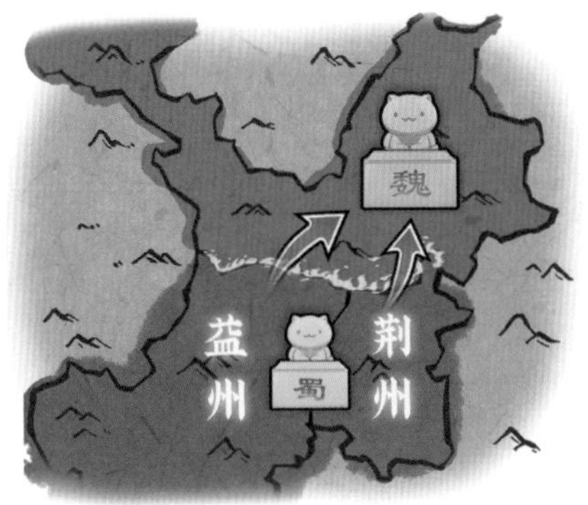

張大可《張大可文集・三國史》：「按照『隆中路線』規劃的戰略，諸葛亮（從益州）北伐應兵向秦川，須有荊州之兵攻向宛、洛呼應。」

可是呢，

荊州打丟了……

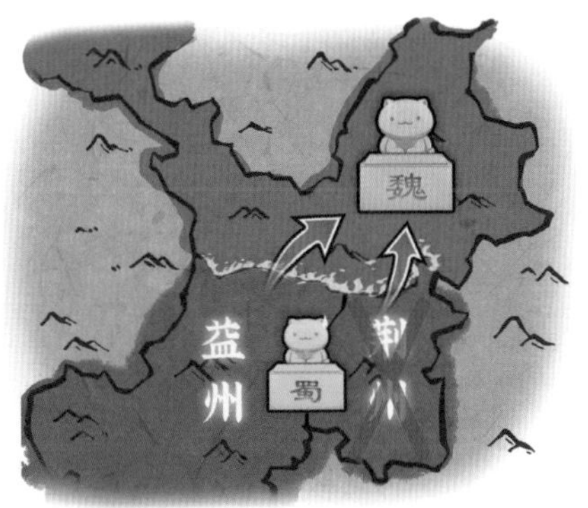

張大可《三國史研究》：「接連發生了關羽丟失荊州之戰，劉備東出夷陵之敗……」

（沒錯，就是這哥倆打丟的……）

備哥哥，亮亮會不會怪我們？
放心啦，他不會的……

這樣一來，
蜀漢的**實力**便遠遠**弱於**曹魏。

張大可《三國史研究》：
「……形成了蜀弱……魏強的局面。」

從**國家規模**來講，

蜀國只有**益州**。

張大可《張大可文集・三國史》：
「漢家十三州土地……蜀得一州。」

國民約為**90萬**，

路遇《中國人口通史》：
「蜀漢立國……人口90萬。」

而**魏國**則有**九州之地**。

張大可《張大可文集·三國史》：
「漢家十三州土地，魏得其九州。」

國民**800餘萬**……

路遇《中國人口通史》：
「曹魏……人口當在800萬以上。」

比**軍事**力量呢？

蜀國軍隊**十餘萬**，

張大可《張大可文集·三國史》：「諸葛亮經過幾年的勵精圖治……訓練了一支近二十萬人的精兵。」
朱紹侯《中國古代史》：「諸葛亮第一次北伐……統率十萬大軍。」

而魏國**光是**用於對付蜀的**第一線軍隊**就有**20萬**。

朱紹侯《中國古代史》：「而魏用來對付它（蜀）的第一線軍隊就有二十萬。」

如此的**差距**，

迫使諸葛喵只能**改變策略**。

這就是**以攻為守**！

朱紹侯《對諸葛亮南征北伐的評價》：

「在此不利的形勢下，硬要進行全國統一戰爭，其結果只有徹底失敗，因此（諸葛亮）暫時將北伐改為『以攻為守』。」

在諸葛喵看來，

唯有**活下去**才能**圖進取**。

王夫之《讀通鑒論》：

「夫公（諸葛亮）固有全局於胸中，知魏不可旦夕亡，而後主之不可起一隅光復也。其出師北伐，攻也，特為守焉耳。」

面對強大的**曹魏**，
蜀漢**只能**不斷**主動攻擊**。

朱紹侯《對諸葛亮南征北伐的評價》：「蜀漢一旦示弱，曹魏必然會發起進攻，蜀漢就陷入被動挨打的局面。」

我們知道**主動**出擊，
就是**去別人家門口打**。

朱紹侯《對諸葛亮南征北伐的評價》：「如果是以攻為守，蜀漢就可以掌握主動權……使曹魏不敢輕舉妄動。」

打贏，算**自己的**；

打輸，國內也**不受**戰火**波及**。

朱紹侯《對諸葛亮南征北伐的評價》：「以攻為守，以弱小的蜀漢抗擊強大的曹魏，把戰爭引向境外。」

在**當時**的情況下，
只有把**被動防禦**改為**主動防禦**，
才能**確保**蜀漢的**存在**。

朱紹侯《對諸葛亮南征北伐的評價》：「由於諸葛亮北伐是以攻為守……『出祁山』、『平取隴右』……」
王夫之《讀通鑒論》：「魏不能越劍閣收蜀之北，復不能繞階、文以擣蜀之西，則蜀可鞏固以存。」

那麼北伐成功了嗎？

沒有！

朱紹侯《中國古代史》：「諸葛亮北伐雖然取得一些勝利，但就全局來說是失敗了。」

因為對於**蜀**國的**進攻**，
魏國仍然擁有**充足應對**的實力。

張大可《三國史研究》：「曹魏有整個黃河流域，兵強馬壯，有帶甲四五十萬，人才濟濟，勇略兼備，應付東西兩線作戰而有餘。蜀漢偏據一州，兵弱將寡。」

更何況……
蜀道難，難於上青天。

蜀國光**自己出去**就**很難**。

史念海《河山集》：
「由益州北伐，還有一個困難：棧道的險阻……」

糧食供給更是**困難**重重。

馬植杰《諸葛亮》：
「在崎嶇的山路上行軍，糧食的運輸是非常困難的。」

北伐**之於**諸葛喵，
實屬**明知「不可為而為之」**。

《三國志·蜀書·諸葛亮傳》注引《袁子》：
「諸葛亮，重人也，而躁用蜀兵，此知小國弱民難久存也。」

於是乎，自**228年**春**開始**……

諸葛喵發兵**隴西三郡**。

朱紹侯《中國古代史》：「二二八年，諸葛亮第一次北伐，他統率十萬大軍出祁山，天水、南安、安定三郡響應。」

先得後失。

張大可《張大可文集・三國史》：「魏南安、天水、安定三郡叛魏降蜀，蜀國順利地進至天水地區。但是諸葛亮攻佔祁山後，蜀軍受到阻滯……馬謖違背諸葛亮的節度，『依阻南山，不下據城』，張郃斷絕汲水路口，使蜀軍飢渴，乘其疲困而擊，大敗馬謖。」

228年冬，
包圍陳倉，

白壽彝《中國通史》：
「這年（二二八年）冬，諸葛亮又出散關圍陳倉。」

久攻不下。

張大可《三國史研究》：
「諸葛亮圍城二十餘日不能拔，糧盡而還。」

229年春，
攻打武都、陰平，

白壽彝《中國通史》：
「建興七年（二二九年）春，諸葛亮遣陳式攻武都、陰平。」

只得兩郡。

白壽彝《中國通史》：「遂克武都、陰平兩郡。」

231年春，
包圍祁山，

白壽彝《中國通史》：「建興九年（二三一年）春二月，諸葛亮復出祁山……」

又無功而返。

白壽彝《中國通史》：「諸葛亮糧盡退兵。」

數次北伐卻**戰果寥寥**。

軍事科學院《中國軍事通史》：
「北伐使用蜀軍主力，連隴右都未能獲取。」

然而，諸葛喵只能**堅持**……

軍事科學院《中國軍事通史》：
「（諸葛亮）認為唯有及身而用，才有希望蠶食並最終打敗魏國……為此決心開展北伐，並且堅持到底。」

無論是出於對劉備喵的承諾，
還是出於**自己**的**心願**，

這份**執著**一直伴隨他到**最後**一次北伐。

軍事科學院《中國軍事通史》：「諸葛亮北伐，從太和二年（二二八年）春開始，到青龍二年（二三四年）八月結束……諸葛亮為了興復漢室，以小而弱的國家拼其全力主動進攻大而強的國家。」

最後病死於五丈原軍中……

白壽彝《中國通史》：「這年（二三四年）八月，諸葛亮積勞成疾，一病不起。」

終年**54歲**。

白壽彝《中國通史》：「……諸葛亮病死在五丈原軍中，終年五十四歲。」

諸葛喵耗盡**一生**，
雖**無法**北定中原……

朱紹侯《對諸葛亮南征北伐的評價》：「諸葛亮的北伐，並沒有實現『興復漢室，還於舊都』的目的。」

卻**保衛**了蜀漢**政權的穩固**。

以**一州**之弱蜀，
抗衡**數倍於己**的曹魏，

朱紹侯《對諸葛亮南征北伐的評價》：「以此弱勢之國力，對抗強大的曹魏……」

尚能保持國內**經濟**的**發展，實屬不易**。

朱紹侯《對諸葛亮南征北伐的評價》：「……還能保持國內政治穩定，經濟發展……所以從北伐『以攻為守』的角度講，諸葛亮是勝利的。」

白壽彝《中國通史》：「不能單純以成敗論英雄，不能因為諸葛亮的北伐沒有達到預定目的，就抹煞諸葛亮的軍事才能和他為蜀漢統一事業鞠躬盡瘁的精神。」

單以**成敗**論**英雄著實苛求了**。

諸葛喵的**逝去**，

對於**蜀漢**來說猶如**巨星隕落**。

白壽彝《中國通史》：「諸葛亮逝世的消息傳到成都，官民哀慟，奔走哭泣。蜀漢北伐大軍回到成都後，後主劉禪為紀念諸葛亮生前的品德和功績，封賜諸葛亮謚號為忠武侯。」

同時，

在**曹魏**陣營當中有一個**重要**的角色，

開始登上**歷史舞台**。

《晉書・帝紀第一》：

「……河內溫縣孝敬里人，

姓司馬氏。」

他是誰呢？

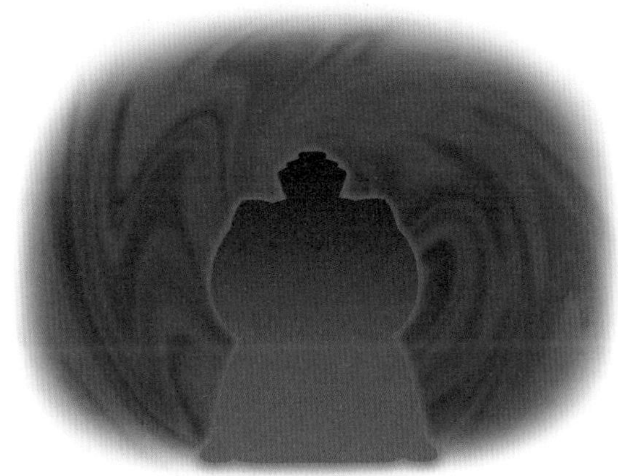

（且聽下回分解。）

編者按

隨著北伐的結束，諸葛亮的一生也落下句點。自二十七歲草廬出師至五十四歲北伐病逝軍中，半生為「立蜀漢」四處奔勞，半生為「守蜀漢」嘔心瀝血，最終積勞成疾，與世長辭。他的才學、膽識、雄心甚至遺憾，都無法以寥寥數語概括。

而在漢末亂世中，這樣閃耀過也抱憾著的人物其實不勝枚舉：未能一統天下便已合眼的霸主，初露鋒芒就無奈病逝的謀臣，立志「復漢」卻最終難抗歷史車輪的志士……他們為貫徹自己的意志與命運一搏，以至「鞠躬盡瘁，死而後已」。正是有這些壯志未酬的英雄、可歌可泣的精神，才會有三國這個璀璨的時期，讓後人得以思考、奮進。毋論功過成敗，只懷敬畏之心送別臥龍先生，也向各方英豪致敬。

諸葛亮——花卷（飾）

參考來源：《三國志》、《晉書》、張大可《張大可文集・三國史》及《三國史研究》、范文瀾《中國通史簡編》、朱紹侯《中國古代史》及《對諸葛亮南征北伐的評價》、軍事科學院《中國軍事通史》、路遇《中國人口通史》、王夫之《讀通鑒論》、史念海《河山集》、馬植杰《諸葛亮》、白壽彝《中國通史》

附錄

【大發明家】

北伐時，諸葛亮改革八陣圖，
發明一次能發射十支箭的諸葛連弩，
還為方便運糧而升級運糧車，
可以說是名副其實的發明家了。

【出師表】

諸葛亮北伐前給劉禪寫了封信，
苦口婆心地勸他聽大臣的話好好工作，
最後表達了自己橫掃中原的決心。
這就是有名的《出師表》。

【武侯祠】

四川省成都市有一座武侯祠，
主要祭祀劉備和諸葛亮，
這也是中國唯一的
君和臣合併祭祀的祠廟，
可以看出這對君臣
「如魚得水」情誼的影響深遠。

一群喵檔案

豆花小劇場

《才女》

快看！那邊的女生很漂亮！
哇！我的天！

你看那白皙的毛色！
那麼優雅！
那麼文靜！

彷彿春風……簡直是女神！
而且她這麼喜歡閱讀……
愛讀書的女生氣質果然不一樣啊！

真想知道她在看什麼書，一定是莎士比亞吧？

《超能力》

我要用念力將勺子弄彎！

嚯——
嗯？

嚯——

啊？
掰！

豆花
天秤座
生日：10 月 16 日
身高：165 公分
擅長的運動：羽毛球
喜歡的顏色：墨綠色
(豆花擬人介紹)

小雪

第六十回◉司馬侍曹

所謂**士族**，

就是**世代**讀書**做官**的**家族**。

王仲犖《魏晉南北朝史》：
「東漢統治階級中『士夫』階層是組成規模龐大的官僚機構的骨幹……他們往往先從師受經傳或遊學全國政治文化中心洛陽的太學……歷任地方守令、中央郎吏，以至卿相高位，逐漸形成為世家望族。」

東漢末年的政治格局由**三大勢力組成**。

分別是**外戚、宦官、士族**。

魏晉文化研究所《魏晉隋唐文學藝術思想研究》：

「在東漢中後期相當長的一段歷史時期，政壇一直為外戚、宦官、士大夫官僚集團三大勢力所盤踞。」

唉……可隨著漢末的**權力爭鬥**，

翦伯贊《中國史綱要》：

「東漢王朝專制體制的加強……促成了外戚、宦官的專權和他們之間的爭鬥。」

外戚和宦官雙雙**「掛」了**……

范文瀾《中國通史》：

「一八九年……何太后臨朝，何進（外戚）掌朝政……企圖依靠下層豪強的大豪強董卓殺宦官，不料宦官首先發動，殺死何進。士族大豪強袁紹起兵殺宦官二千餘人，宦官全部殲滅……外戚和宦官一起消滅了。」

平衡一旦被打破，
天下頓時陷入**大亂**。

馬植杰《三國史》：
「等何進與宦官張讓等相繼被殺後，董卓也已引軍趕到……憑仗武力，專擅朝政。」
張大可《張大可文集．三國史》：
「公元一九〇年，關東諸侯起兵討伐董卓，爆發了東漢末年的軍閥大混戰，群雄林立，東漢統治崩潰。」

於是乎，擁有**武裝**的軍閥們開始**爭搶地盤**。

范文瀾《中國通史簡編》：
「統治階級的軍閥們……藉皇室統治權動搖的機會，擁兵爭奪權利。」

剩下只會讀書的**士族瑟瑟發抖**……

從那時起，

士族階級們便開始為這些軍閥**服務**。

馬植杰《三國史》：
「在戰爭年代，士人尤其為割據的軍閥所倚重。」
張大可《張大可文集・三國史》：
「（士族）則作有計劃的遷移，或擇主而居。」

有的當**文書人員**，

這仗打得好！幫忙算下搶到多少魚乾！
是！

張大可《張大可文集・三國史》：
「世家大族和名士都視孔融為領袖……曹操徵辟孔融為將作大匠，後遷少府。」

有的當**謀士**，

快想法子啊！敵軍打過來了！

柳春新《漢末晉初之際政治研究》：
「曹操任兗州牧時，荀彧是第一個前來投奔的世家大族人物……曹操得到荀彧，十分重視，稱他為『吾之子房（張良）』。」
田余慶《秦漢魏晉史探微》：
「『吳郡顧、陸，舊族長者，世有高位』……以顧雍、陸遜為代表……終成為孫吳股肱。」

而在這群**漢末士族**中，
有**一個喵**同樣面臨著**命運的抉擇**，

他就是**司馬懿喵**。

《晉書・帝紀第一》：
「漢末大亂，（司馬懿）常慨然有憂天下心。」

司馬喵家裡排**老二**，

《晉書・帝紀第一》：
「帝（司馬懿）即防之第二子也。」

作為**士族**，
從他爺爺的爺爺那代開始**當官**。

柳春新《漢末晉初之際政治研究》：
「司馬懿出自河內溫縣的儒學世家，高祖官至征西將軍，曾祖以下三世居太守之任。」

而且從小**聰明博學**，

《晉書．帝紀第一》：
「（司馬懿）少有奇節，聰明多大略，博學洽聞。」

擁有這樣的先天優勢，
照理說，應該**風光無限**才是，

可惜，他遇到了東漢末的**亂世**……

張大可《張大可文集·三國史》：「他（司馬懿）的一生，差不多與整個三國時代的動亂相始終。」

漢末**群雄爭天下**。

最強的那個就該屬**曹操喵**了。

張大可《張大可文集·三國史》：「三國鼎立的地盤闊狹（即指勢力範圍）……應該是曹操第一。」

白壽彝《中國通史》：「曹魏在以後三國歷史發展中始終佔有優勢的地位。」

作為**最早**出來的一批**創業者**，

曹操喵創業需要**人才**，

所以他看上了**出眾**的司馬喵。

《晉書．帝紀第一》：「漢建安六年（二〇一年），郡舉上計掾。魏武帝為司空，聞而辟之（司馬懿）。」

可……司馬喵呢，
卻**看不上他……**

柳春新《漢末晉初之際政治研究》：

「司馬懿……『知漢運方微』，卻『不欲屈節曹氏』，拒不應辟，當是在出身門戶和文化傳統方面鄙視曹操。」

怎麼辦咧？

喀喀，曹操喵**把他捆了。**

張大可《張大可文集．三國史》：

「曹操辟司馬懿，懿不就徵，曹操再辟為文學掾，敕命使者，如果司馬懿推辭，就抓起來。」

沒錯，軟的不行**來硬的**。

白壽彝《中國通史》：「建安十三年（二〇八年），曹操為丞相以後，始用強制手段辟司馬懿為文學掾。」

司馬喵就這樣開始了
與老曹家**恩怨糾纏**的一生。

從曹操喵算起，
司馬喵共侍奉過曹家**四位家主**。

張大可《張大可文集・三國史》：「司馬懿……歷仕曹魏武帝、文帝、明帝、齊王芳四朝。」

曹操喵雖然**賞識**他的才能，

《晉書・帝紀第一》：「魏武察帝（司馬懿）有雄豪志……」

卻也顧忌他。

《晉書・帝紀第一》：「聞有狼顧相……（曹操）因謂太子丕曰：『司馬懿非人臣也，必預汝家事。』」

這樣下去也不太行啊！

於是司馬喵開始了思考自己**立足**的**問題**。

從那時開始，
他就將自己**深深**地**隱藏**起來。

白壽彝《中國通史》：「司馬懿在曹操手下任職，小心謹慎，勤勤懇懇。」

他每天**努力上班**，

《晉書・帝紀第一》：「帝（司馬懿）於是勤於吏職，夜以忘寢……」

卻**從不強出風頭。**

經理他又偷偷幫我完成了所有工作。
哎，真是個充滿魅力的傢伙！

連**餵馬**這種事都**親自**幹……

《晉書・帝紀第一》：
「……至於芻牧之間，悉皆臨履。」

還餵了**12年啊**……

白壽彝《中國通史》：
「……終曹操之世，他（司馬懿）位不過軍司馬。」
注：司馬懿於公元二〇八年加入曹操麾下，曹操於公元二二〇年去世，共十二年。

面對曹操喵，
他也是**盡力討好**，

張大可《張大可文集．三國史》：「公元二一九年，孫權與劉備爭荊州，上書曹操稱臣勸進，司馬懿借題發揮，向曹操獻媚說：『權之稱臣，天人之意。』」

還主動**「勾搭」太子**。

白壽彝《中國通史》：「曹操稱魏王以後，以司馬懿為太子中庶子，佐助曹丕。司馬懿和曹丕的關係一直搞得很好……」

這些手段下來，
司馬喵漸漸獲得了老曹家的**信任**。

【第六十回 司馬侍曹】

等到曹家**第二任**家主**上位**時，

馬植杰《三國史》：
「建安二十五年（二二〇年）正月，操死，丕繼位為魏王。十月，丕代漢為帝，即魏文帝，國號魏。」

司馬喵便開始得到**重用**。

白壽彝《中國通史》：
「曹丕稱帝，司馬懿的地位漸漸重要起來，由尚書、督軍、御史中丞起官至撫軍將軍。」

可是……「二代曹」**沒堅挺**幾年……

就「掛」了。

《三國志・魏書・文帝紀》：

「（黃初）七年（二二六年）……帝（曹丕）崩於嘉福殿，時年四十。」

馬植杰《三國史》：

「丕在位六年而死，壽四十歲。」

司馬喵又跟著侍奉**「三代曹」**。

王仲犖《魏晉南北朝史》：

「公元二二六年，曹丕病死，子曹叡即位。曹叡在即位之前，不接交朝臣，不過問政事，曹丕怕他擔當不起國家重任來，所以指定曹真、陳群、曹休、司馬懿受遺詔輔政。」

作為**三朝元老**，
此時司馬喵已經是曹家**最信任**的臣子。

白壽彝《中國通史》：「曹叡時，司馬懿成了魏國的重要謀臣，又掌握軍權，擔任獨當一面的軍事首領。」

從**東漢末**熬到**三國鼎立**，

他靠著自己卓越的**軍事才能**，
為曹家**東征西討**。

《晉書．帝紀第一》：「其（司馬懿）雄略內斷，英猷外決，殄公孫於百日，擒孟達於盈旬，自以兵動若神。」

東邊抵禦住了孫吳，

《晉書・帝紀第一》：「（黃初）六年（二二五年）……及孫權圍江夏……帝（司馬懿）督諸軍討權，走之。進擊，敗瑾，斬霸，並首級千餘。」

西邊又扛住了蜀漢。

張大可《張大可文集・三國史》：「公元二三一年……曹真死，司馬懿西調督兵關中，抗拒蜀軍諸葛亮北伐。」

不僅**能幹**還**能活**……

蜀國的**諸葛喵**被他**耗死**。

張大可《張大可文集·三國史》：「司馬懿在與諸葛亮的對陣中，採取了據險堅守、疲憊蜀軍的方針，迫使諸葛亮退軍。」「公元二三四年十月，諸葛亮率十餘萬大軍由斜谷打入……司馬懿堅壁不出……兩軍相持百餘日……諸葛亮因積勞成疾，一病不起。」

甚至「三代曹」也**沒能活過他**。

王仲犖《魏晉南北朝史》：「公元二三九年，曹叡病死。」

反正就是超強**續航**。

張大可《張大可文集．三國史》：「司馬懿生於公元一七九年，死於二五一年，享年七十三歲。」

到**「四代曹」**的時候，

張大可《張大可文集．三國史》：「公元二三九年……魏明帝死，兒子齊王曹芳即位……遺詔司馬懿與大將軍曹爽共同輔政。司馬懿已是四朝元老……」

司馬喵已經為曹家整整**效力**了

三十一個年頭。

仇鹿鳴《魏晉之際的政治權力與家族網絡》：

「司馬懿在建安十三年（二〇八年）以曹操丞相文學掾的身份初登政治舞台。」

朱紹侯《中國古代史》：

「（二三九年）明帝死……司馬懿為太尉，與宗室大臣曹爽受遺詔共同輔政。」

他用**大半生的時間**來獲取曹氏的**信任**。

從被猜疑到被**完全信任**，

《晉書．帝紀第一》：

「（武帝時，司馬懿）莫敢爭鋒……文帝之世，輔翼權重，許昌同蕭何之委，崇華甚霍光之寄……及明帝將終，棟梁是屬。」

最終一步步擠上了**權力的核心**。

張大可《張大可文集·三國史》：「司馬懿……登上了曹魏統治集團最上層居於核心人物的地位。」

那麼面對**年僅八歲**的四代家主，

王仲犖《魏晉南北朝史》：「（曹叡）養子曹芳年僅八歲，繼位為帝。」

司馬懿的「忠心」還會延續嗎？

《三國志·魏書·桓二陳徐衛盧傳》注引《世語》：「帝憂社稷，問矯：『司馬公忠正，可謂社稷之臣乎？』矯曰：『朝廷之望；社稷，未知也。』」

（且聽下回分解。）

自漢末天下大亂，名門士族大多各懷其志，以學識、人脈等為依憑投奔割據勢力，成為軍閥建立霸業的重要支柱。以曹操集團為例，自西元一九一年潁川名士荀彧投靠曹操，大批當地士人隨之投入曹操麾下，荀攸、陳群和司馬懿等「奇士」也經由他舉薦而得到啓用。這些人共同構成了赫赫有名的潁川集團。隨後的「迎天子」、興屯田、力挫袁紹於官渡，直至草創曹魏政權，這群人功不可沒。可以說，曹操霸業能成，每一步都與潁川士人息息相關。然而，曹魏後期過度的倚重也使這些下臣幾乎壟斷其軍政大權。以司馬懿為例，能文能武、進退有節、權勢滔天，這樣的重臣，自然會給政權的延續添上變數……

司馬懿——烏龍（飾）

曹操、曹丕——煎餅（飾）

參考來源：《三國志》、《晉書》、王仲犖《魏晉南北朝史》、魏晉文化研究所《魏晉隋唐文學藝術思想研究》、翦伯贊《中國史綱要》、范文瀾《中國通史》及《中國通史簡編》、馬植杰《三國史》、張大可《張大可文集·三國史》、柳春新《漢末晉初之際政治研究》、田余慶《秦漢魏晉史探微》、白壽彝《中國通史》、仇鹿鳴《魏晉之際的政治權力與家族網絡》、朱紹侯《中國古代史》

【三馬食「曹」】

曹操曾夢到「三馬同食一槽」的場景，
他認為這預示三個司馬家的人
會推翻曹家，
對司馬懿產生了顧忌，不敢重用。

【餓走敵軍】

諸葛亮北伐時，
負責阻擊的正是司馬懿。
他捏准了諸葛亮糧食不夠的痛腳，
採用回避戰術，
被諸葛亮刺激都不應戰，
因此「不戰而勝」好幾回。

【司馬八達】

司馬懿這一代，
算上他家中共有八子，
每個都很有出息。
因其表字都帶「達」，
如司馬懿字仲達，
外人便給他們起外號「司馬八達」。

一群喵檔案

烏龍小劇場

《閃閃發光》

烏龍很擅長做菜，他做的菜總是充滿魔力。

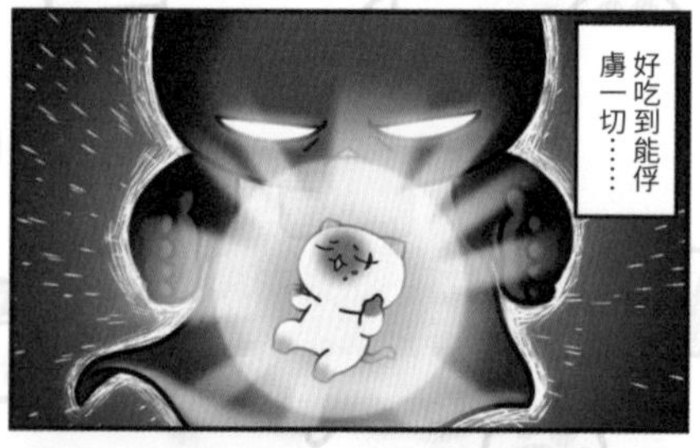
好吃到能俘虜一切……

哎？停電了嗎？
啊！

這！這是？
沒關係，我做了新的料理！

《啊……》

啊……這感覺……

啊……這感覺……

啊……這感覺……

嗯……
太好吃啦！

烏龍
巨蟹座
生日：7月 11 日
身高：180 公分
擅長的運動：下棋
喜歡的顏色：黑色
(烏龍擬人介紹)

大雪

第六十一回◉正始之變

經過幾十年的**爭鬥**，

曹魏集團成為了**三國最強**的存在。

張大可《張大可文集・三國史》：「三國鼎立的地盤（即指勢力範圍）闊狹……應該是曹操第一。」

可老曹這一家，似乎**基因不太好**。

「一代曹」66歲……

「掛」了。

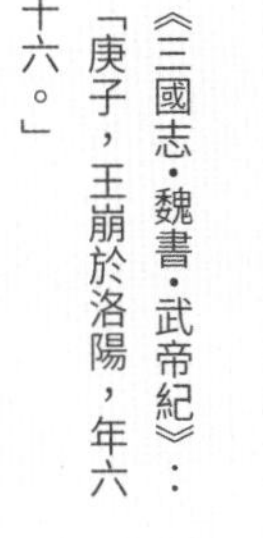
《三國志・魏書・武帝紀》：

「庚子，王崩於洛陽，年六十六。」

「二代曹」40歲……

「掛」了。

《三國志・魏書・文帝紀》：「丁巳，帝崩於嘉福殿，時年四十。」

「三代曹」35歲……

也「掛」了。

《三國志・魏書・明帝紀》：「即日，帝崩於嘉福殿，時年三十六。」

裴松之注：魏武以建安九年八月定鄴，文帝始納甄後，明帝應以十年生，計至此年正月，整三十四年耳。時改正朔，以故年十二月為今年正月，可強名三十五年，不得三十六也。

等到**「四代目」**上位時，

只有八歲……

白壽彝《中國通史》：「少主齊王曹芳即位時，年僅八歲。」

這主子**年紀小**，
自然需要**大臣輔助**。

於是，有**兩個喵**成為了**輔助大臣**。

《三國志・魏書・三少帝紀》：
「……大將軍曹爽、太尉司馬宣王輔政。」

一個是老曹家的**親戚曹爽喵**，

張大可《張大可文集・三國史》：
「曹爽是曹真之子……是皇族近親。」

另一個則是
侍奉了曹魏**三代家主**的**「隱忍之鬼」**——

《晉書・帝紀第一》：
「及明帝將終，棟梁是屬，受遺二主，佐命三朝。」

司馬懿喵！

司馬喵作為**三朝「老薑」**，

朱紹侯《中國古代史》：「（司馬懿）始被起用於曹操，至曹丕時，地位逐漸顯要。明帝時，他是指揮對蜀作戰的主將。」

在內不僅**威望高**。

朱紹侯《中國古代史》：「二三八年，他又率兵平定割據遼東的公孫淵，成為魏國有聲望的大臣。」

在外更是**戰功顯赫**。

馬植杰《三國史》：「司馬懿南擒孟達，西拒諸葛亮，東滅公孫淵。」

所以，同樣作為輔臣的**曹爽喵**……

一開始也**對他客客氣氣**，

馬植杰《三國史》：「二人（曹爽和司馬懿）剛開始輔政時，表面上還能和睦相處。史稱『宣王以爽魏之肺腑，每推先之』；曹爽也以懿『年位素高，常父事之，每事咨訪，不敢專行』。」

可這**時間一久**，
爭鬥就出現了。

馬植杰《三國史》：「最遲到正始五年（二四四年），曹爽和司馬懿的矛盾已趨激化。」

作為**皇族**，
曹爽喵想**總攬大權**。

可能力嘛……
卻比司馬喵**差了幾條街**。

馬植杰《三國史》：「當時的情況是：司馬懿早已是居於其他軍政要員之上的太尉。論資歷、功勳、名望和同文武官員的關係，司馬懿都遠遠勝過曹爽。曹爽原來只是一個武衛將軍，他之成為首輔，主要是憑其為皇族。」

於是乎他想出了**一個狠招**，

那就是**通過提議**，

給**司馬喵**一個空閒的**高官位**。

白壽彝《中國通史》：「曹爽的謀士為他劃策，由他出面，奏請皇帝轉司馬懿為太傅……」

卻**奪了**司馬喵的**權**。

白壽彝《中國通史》：「太傅是個閒散高官。推司馬懿為太傅，表面上是提高了司馬懿的官位，使在自己之上，實際上是奪了司馬懿的權。」

這下情況就不一樣了。

曹爽喵不僅**把持了朝政，**

嘿嘿！

白壽彝《中國通史》：「景初三年（二三九年）到齊王芳正始末十年間，曹爽掌握軍政大權。」

更是處處**排擠司馬喵。**

白壽彝《中國通史》：「曹爽並引用心腹何晏、鄧颺、丁謐、畢軌、李勝、桓範等專斷朝政，來排擠司馬氏的勢力。」

為了**彰顯自己**的威武，

大魏戰神！
大將軍威武！

《三國志・魏書・諸夏侯曹傳》：「颺等欲令爽立威名於天下，勸使伐蜀，爽從其言。」

他還主動出兵去**打蜀國**。

《三國志・魏書・諸夏侯曹傳》：「正始五年，爽乃西至長安，大發卒六七萬人，從駱谷入。」

咱們過去打他們一仗！
喂！聽說蜀國很拽！

呃……**差點**就**回不來了**……

《三國志・魏書・諸夏侯曹傳》：「入谷行數百里，賊因山為固，兵不得進。爽參軍楊偉為爽陳形勢，宜急還，不然將敗。」

反正在曹爽喵的**專橫下**，

曹魏國政**糟透了**……

《三國志・魏書・諸夏侯曹傳》：

「爽背棄顧命，敗亂國典，內則僭擬，外專威權；破壞諸營，盡據禁兵，群官要職，皆置所親；殿中宿衛，歷世舊人皆復斥出，欲置新人以樹私計；根據槃互，縱恣日甚。」

而**這時**的**司馬喵**呢，

乾脆**裝病不上班了！**

白壽彝《中國通史》：

「司馬懿衡量了一下形勢，認為還沒到與曹爽較量的時機，遂以退為進，稱疾家居，不與政事。」

要知道「隱忍之鬼」的稱號，

可不是**說著玩**的。

司馬喵的**演技**實在**精湛無比**。

《三國志・魏書・諸夏侯曹傳》注引《魏末傳》：「宣王令兩婢侍邊，持衣，衣落；復上指口，言渴求飲，婢進粥，宣王持杯飲粥，粥皆流出沾胸。」

曹爽喵為了**搞清楚**真假，

甚至找人去**試探他**。

《三國志・魏書・諸夏侯曹傳》注引《魏末傳》：「爽等令勝辭宣王，並伺察焉。」

卻啥都**看不出來**……

《三國志・魏書・諸夏侯曹傳》：

「宣王稱疾困篤，示以羸形。勝不能覺，謂之信然。」

司馬喵就這樣一邊**裝著病**，

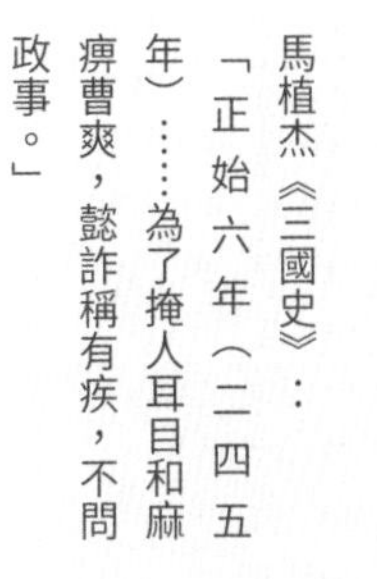

馬植杰《三國史》：

「正始六年（二四五年）……為了掩人耳目和麻痹曹爽，懿詐稱有疾，不問政事。」

一邊暗地裡默默**準備著**。

馬植杰《三國史》：

「懿乃暗中與其子師、昭策劃清除曹爽勢力的兵變。」

經過**四年的「裝死」**，
曹爽喵對他完全**鬆懈下來**。

白壽彝《中國通史》：「曹爽……對司馬懿放鬆了防備。」

終於，曹爽喵**有一天**帶著小皇帝
和百官們**出去掃墓！**

馬植杰《三國史》：「嘉平元年（二四九年）正月初六日，魏少帝往謁明帝高平陵。曹爽及其弟中領軍羲、武衛將軍訓、散騎常侍彥也都跟隨前去。」

這下司馬喵的**機會可來了**。

他迅速**集結軍隊**，

佔領武器庫，

馬植杰《三國史》：

「……懿父子緊急調集軍隊，佔領儲存兵器的武庫。」

再封鎖城門。

還在城外的**曹爽喵**跟**小皇帝**，

瞬間連家都回不去……

王仲犖《魏晉南北朝史》：

「（司馬懿）迫使永寧宮太后郭氏（曹叡妻）下令免除曹爽兄弟之位，並關閉洛陽各城門……派他長子司馬師屯兵司馬門，掠陣闕下；自己又和太尉蔣濟出屯洛水浮橋，切斷了洛陽和高平陵的交通。」

一頓思想**掙扎**後，

只能乖乖投降了……

《三國志・魏書・諸夏侯曹傳》：

「侍中許允、尚書陳泰說爽，使早自歸罪。爽於是遣允、泰詣宣王，歸罪請死，乃通宣王奏事。」

這場行動就是歷史上著名的**「正始之變」**。

王仲犖《魏晉南北朝史》：

「正始十年（二四九年）正月初六日，司馬懿用迅雷不及掩耳的手段，趁皇帝曹芳和大將軍曹爽離開洛陽去祭掃高平陵的時候，發動政變。」

注：該事變因發生在正始十年正月，因此又稱「正始之變」。

而經過**政變**的司馬喵，
將**曹氏**勢力**屠戮殆盡**，

《三國志・魏書・諸夏侯曹傳》：「於是（司馬懿）收爽、羲、訓、晏、颺、謐、軌、勝、範、當等，皆伏誅，夷三族。」

只留下**小皇帝**作為**傀儡**。

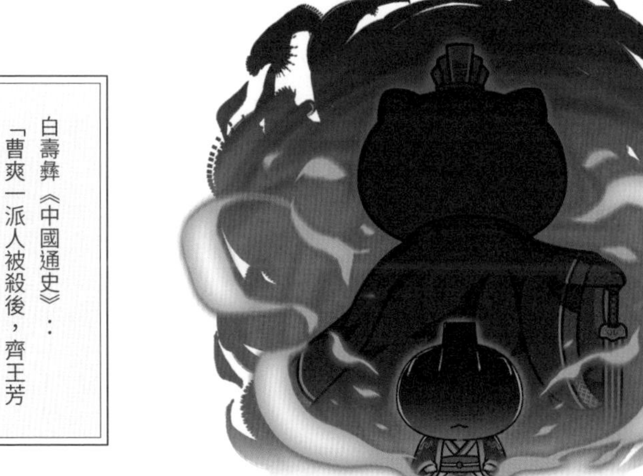

白壽彝《中國通史》：「曹爽一派人被殺後，齊王芳以司馬懿為丞相，加九錫。」

這意味著經歷四代的**曹魏政權**，
正式**落入司馬氏**手中。

白壽彝《中國通史》：
「司馬懿雖固辭不受，但自此以後，魏之軍政大權皆在司馬氏掌握之中。」

而在那**分裂相爭**的時代，

任何一點**內部動蕩**
都有可能帶來**致命**的**破綻**。

仇鹿鳴《魏晉之際的政治權力與家族網絡》：
「在三足鼎立的格局之下，任何內政上的重大變動，都會引起三國之間的連鎖反應。」

司馬一族的**登台**勢必**引發**新的**變化**。

仇鹿鳴《魏晉之際的政治權力與家族網絡》：「曹魏內部的紛爭，也迅速引起了外敵的覬覦。」

三國局勢的**平衡**，
終於**開始鬆動**了。

張大可《張大可文集・三國史》：「總的歷史進程，卻因司馬氏集團的勃興而加速了三國的統一。」

那麼作為曹魏的對手，
西邊的**蜀漢政權又會受到怎樣的影響呢？**

（且聽下回分解。）

編者按

正始之變，是司馬懿為重奪自己在曹魏的權勢所發動的政變。因以皇帝率眾祭掃高平陵為契機，該事件也稱為高平陵事變。

受高平陵事變影響的不僅有曹魏內政格局，更有三國鼎立的局勢。當時，魏、蜀、吳三國的境況迴異。蜀、吳兩國都在走下坡路：蜀漢因長期征伐導致內耗嚴重、人才凋敝，只能回退勉強維持國內安穩；東吳皇帝孫權已步入晚年（六十七歲），朝廷內權臣勢強，後繼者又無力掌控，導致鬥爭不斷。相比之下，因為奪權後急需建立功業、收攏人心，司馬氏勵精圖治，將魏治理得井井有條、日趨強盛。如此一來，三國之間的實力差距被拉開，鼎立的局面被打破。命運的天平，最終又會傾向何方呢？

司馬懿——烏龍（飾）

參考來源：《三國志》、《晉書》、張大可《張大可文集·三國史》、白壽彝《中國通史》、朱紹侯《中國古代史》、馬植杰《三國史》、王仲犖《魏晉南北朝史》、仇鹿鳴《魏晉之際的政治權力與家族網絡》

【裝病影帝】

司馬懿遇到麻煩事就裝病。
不想給曹操打工，裝病；
被排擠假裝要「罷工」，也裝病，
真是裝病界的影帝。

【老當益壯】

司馬懿發動政變時，
已經是一個70歲的老頭了，
但這一點也不影響
他親自騎馬帶兵去封鎖城門，
堵得曹爽束手無策。

【公款私用】

曹爽專政之後，
喜歡把宮里屬於皇帝的樂器和武器
都拿到自己家的房間里囤著，
然後招呼兄弟來一起喝酒，
一起享受。

油條小劇場

《彈額頭》

《喂，110 嗎？》

油條
射手座
生日：12 月 5 日
身高：185 公分
擅長的運動：極限運
動
喜歡的顏色：橘色
（油條擬人介紹）

冬至

第六十二回◉強弩之末

隨著諸葛喵的**離世**，

蜀漢政權便開始**走下坡路**。

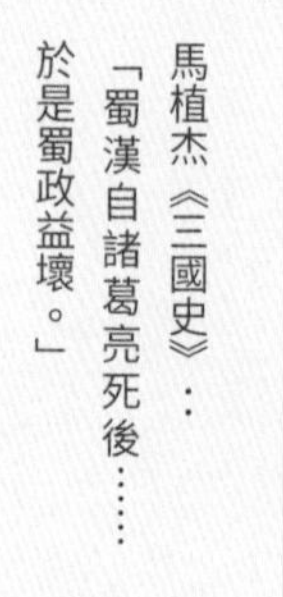
馬植杰《三國史》：
「蜀漢自諸葛亮死後……
於是蜀政益壞。」

總的來說就是，

皇上無能。

白壽彝《中國通史》：
「蜀漢後主劉禪是個庸材……」

賢臣死光。

馬植杰《三國史》：
「諸葛亮死後，宮、府之事由蔣（琬）、費（禕）、董（允）三人共同管理……二四六年，允與蔣琬病故。」
《三國志．蜀書．蔣琬費禕姜維傳》：
「（蜀延熙）十六年（二五三年）歲首大會……（費禕）為脩手刃所害。」

太監亂政。

白壽彝《中國通史》：
「（劉禪）聽信宦官黃皓，政治昏瞶。」

呃……

反正……**有點糟**就對了……

在這樣的情況下，
仍然有一個喵**堅定**著**復漢**的決心。

張大可《張大可文集・三國史》：「諸葛亮之後，蜀軍敢於北伐志存吞魏的人……一人而已。」

他就是**姜維喵**！

張大可《張大可文集・三國史》：「姜維是蜀漢後期的中流砥柱，他維持蜀漢政權十餘年。」

作為蜀漢**最後**的**頂梁柱**，

姜維喵說得上是文武雙全，

《三國志・蜀書・蔣琬費禕姜維傳》：
「（姜維）好鄭氏學……甚敏於軍事，既有膽義，深解兵意。」

可惜呢……
卻是個**倒霉蛋**……

還記得諸葛喵時期的**伐魏戰爭**嗎？

張大可《張大可文集・三國史》：
「從公元二二八年至二三四年，七年之中，諸葛亮五次伐魏。」

姜維喵**原本**是**魏那邊**的一員。

張大可《張大可文集・三國史》：「姜維……原為曹魏天水郡參軍。」

當時**諸葛大軍**一到，

《三國志・蜀書・蔣琬費禕姜維傳》：「建興六年（二二八年），丞相諸葛亮軍向祁山。」

魏國三郡的長官就被嚇得**緊閉城門**。

我們的**姜維喵**在外**巡邏**，

《三國志・蜀書・蔣琬費禕姜維傳》：
「時天水太守適出案行，維及功曹梁緒、主簿尹賞、主記梁虔等從行……」

剛**回城**……
就被當成了**叛徒**……

《三國志・蜀書・蔣琬費禕姜維傳》：
「……太守聞蜀軍垂至，而諸縣響應，疑維等皆有異心，於是夜亡保上邽。維等覺太守去，追遲，至城門，城門已閉，不納。」

沒辦法……
姜維喵這才**跳槽**到了**蜀漢**這邊。

《三國志・蜀書・蔣琬費禕姜維傳》：
「維等乃俱詣諸葛亮。會馬謖敗於街亭，亮拔將西縣千餘家及維等還。」「亮辟維為倉曹掾，加奉義將軍，封當陽亭侯。」

「投蜀」後的姜維喵，
很快獲得了諸葛喵的**重視**。

馬植杰《三國史》：「諸葛亮對姜維極為器重，並準備把他培養成棟梁大材。」

他自己也**視**諸葛喵為**導師**。

軍事科學院《中國軍事通史》：「姜維一心效法諸葛亮……」

眼看著這一老一少**默契無間**，

可惜沒多久……
老諸葛卻**累死了**……

白壽彝《中國通史》：「建興十二年（二三四年）……八月，亮病篤，卒於軍中。」

唉……
你說是不是夠**倒霉**的……

為了**報答**諸葛喵的**恩情**，
姜維喵**重新**扛起了**北伐**的重任。

張大可《張大可文集·三國史》：「姜維感諸葛亮的知遇之恩，竭盡忠誠繼承諸葛亮的遺志，主持北伐。」

那麼，他的**北伐成功了嗎？**

軍事科學院《中國軍事通史》：「姜維北伐，從正始八年（二四七年）開始，景元三年（二六二年）結束，前後九次，歷時十六年……歷次戰績，大勝一，小勝二，大敗一，小敗二，無功三……以蜀國有限的國力來衡量，這樣的戰績，是不划算的。」

不僅沒成功，
而且蜀國**越打越窮**。

張大可《張大可文集·三國史》：「姜維不顧國力大困，連年動眾……消耗了蜀漢有限的人力、物力。」

從**客觀角度**來看，

諸葛時期的蜀國君臣還算**上下一心**。

前方**軍事**有**諸葛喵**坐鎮，

馬植杰《三國史》：「諸葛亮把蜀漢內部事務都做了安排以後，於蜀漢後主建興五年（二二七年）率軍北駐漢中。」

後方**經濟**則有各位**賢臣支援**。

張大可《張大可文集．三國史》：「諸葛亮北伐，遷蔣琬為參軍，留丞相府總理軍事，張裔為長史，總理政務。」

所以即便**連年北伐**，
國內**經濟**仍能保持**發展**。

朱紹侯《對諸葛亮南徵北伐的評價》：
「（北伐同時）還能保持國內政治穩定，經濟發展。」

可**諸葛喵一死**，

皇帝就開始**「浪」**了。

王仲犖《魏晉南北朝史》：
「劉禪……用了諸葛亮這樣的好丞相，他的統治就比較穩定；後來信任黃皓等閹豎，他就成為昏君了。」

一批**諸葛時期**的**賢臣**也都**基本逝去**。

軍事科學院《中國軍事通史》：
「諸葛亮、蔣琬、費禕、董允四賢相去世。」

內政大權則落入**宦官**手中。

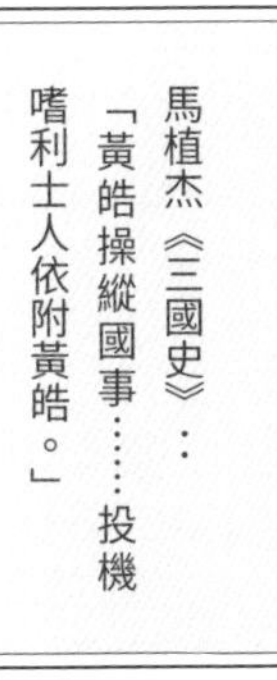

馬植杰《三國史》：
「黃皓操縱國事……投機嗜利士人依附黃皓。」

這樣的國家**哪來的戰鬥力**呢？

於是乎，姜維喵只在**前方打仗**……

張大可《張大可文集・三國史》：「公元二五三年，費禕死後，姜維主政，領數萬眾大舉攻魏。」

國內生產卻**無人看管**。

王仲犖《魏晉南北朝史》：「姜維連年出征，由於蜀漢政權內部矛盾激化，不像諸葛亮秉政時期那樣後方能足食足兵，支援前方，所以軍隊的戰鬥力就大大地削弱下來。」

前後**九次北伐**下來，

蜀國**喵民**個個**慘得不行**……

張大可《張大可文集．三國史》：「姜維主持北伐，大的用兵有九次……連年動眾，蜀漢後期兵疲民困。」

俗話說，
挑柿子揀**軟**的捏，

現在的蜀國**基本**就是個**「爛」柿子**。

軍事科學院《中國軍事通史》：「魏甘露二年（二五七年）開始……形勢對魏國極為有利，而對蜀國十分不利……蜀國政治、經濟、軍事三者都存在嚴重問題，處於建國以來最虛弱時期。」

魏國在此前一直**被動防禦**，

軍事科學院《中國軍事通史》：「諸葛亮北伐……（魏國）在暫時不具備滅蜀勢力的條件下，實行防禦。」

現在，伐蜀的**機會**終於**來了**。

張大可《張大可文集．三國史》：「直到公元二六三年五月，司馬昭正式下詔伐蜀……」

總共十八萬魏軍分**三路**，
直撲而來。

朱紹侯《中國古代史》：「於是（司馬昭）派鄧艾、諸葛緒、鍾會率十八萬大軍分三路攻蜀。」

而姜維喵**這邊**呢，

兵力只有**五萬**……

軍事科學院《中國軍事通史》：「此時戰局形成……東線漢中（鍾會），魏軍十萬餘人，蜀軍不超過三萬……西線陰平郡（鄧艾、諸葛緒），魏軍六萬餘人，姜維五萬。」

這怎麼算都是**打不過**呀！

知道**事件嚴重性**的姜維喵，

趕緊向**中央求支援**。

《三國志・蜀書・蔣琬費禕姜維傳》：

「維表後主：『聞鐘會治兵關中，欲規進取，宜並遣張翼、廖化督諸軍分護陽安關口、陰平橋頭以防未然。』」

可這時的**皇帝**呢，

根本**不聽**他的……

《三國志・蜀書・蔣琬費禕姜維傳》：「皓徵信鬼巫，謂敵終不自致，啓後主寢其事，而群臣不知。」

沒辦法的姜維喵只能在**邊境死扛**。

張大可《張大可文集・三國史》：「當鐘會進軍漢中的同時，鄧艾軍很快到達沓中向姜維營地進攻。姜維得知漢中失守，便向陰平撤退保劍閣。這時諸葛緒已到達橋頭切斷歸路。姜維從側後孔函谷進擊魏軍後方，諸葛緒回頭救援，姜維回兵取橋頭趕向劍門關。姜維退到陰平……恰好先鐘會一步趕到劍閣。」

而皇帝……還在**國內吃香**。

張大可《張大可文集．三國史》：「劉禪與黃皓等竟日在宮中花天酒地，政治腐敗如此。」

你說這能不**滅亡**嗎……

作為一名**出色**的將領，
姜維喵最終**扛住**了**前線大軍**。

張大可《張大可文集．三國史》：「姜維憑險拒守，鍾會十餘萬眾受阻，相持月餘不下。魏軍糧餉不繼，鍾會欲退軍休整。」

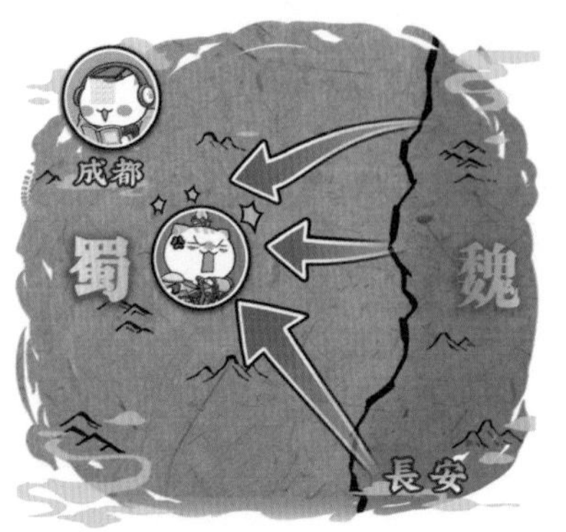

可國都……被魏軍**繞道**包抄了……

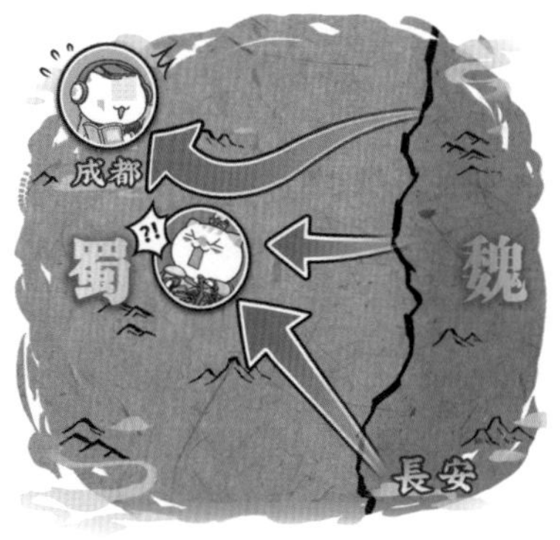

朱紹侯《中國古代史》：「西路鄧艾軍從隴上輕裝出陰平道，行無人之地七百餘里，接連攻下江油、涪城、綿竹，進逼成都。」

面對著闖進**國都**的魏軍，

皇帝**無心抵抗**，舉手**投降**。

馬植杰《三國史》：「蜀人不意魏兵猝至，未作城守調度，及艾入平地，百姓驚擾，奔走山野，不可禁止。」

白壽彝《中國通史》：「光祿大夫譙周勸後主投降。後主……也就聽了譙周的話，向鄧艾投降了。」

立國四十三年的**蜀漢**政權，

正式滅亡。

王仲犖《魏晉南北朝史》：「公元二六三年……蜀亡，立國共四十三年。」

後期的蜀國內政，

可以說極度**腐敗**，

軍事科學院《中國軍事通史》：「（蜀國）上有後主昏庸，下有宦官黃皓專權，臣下只求無罪容身，舉國昏昏，政治日非。」

多年積攢的**國力**被**消耗一空**，

軍事科學院《中國軍事通史》：「蜀國所以滅亡，主要是由於政治腐敗，人民疲敝不堪，國力虛耗。」

人民更是連飯都**吃不飽**。

《資治通鑒．卷七十七》：「（蜀漢）經其野民皆菜色。」

所以姜維喵再怎麼**努力**，

事實也**無法扭轉**。

而蜀的**滅亡**也意味著三國**局面的瓦解**。

軍事科學院《中國軍事通史》：

「魏滅蜀之戰從魏景元四年（二六三年）八月開始，十一月結束……此戰是三國後期意義重大的戰爭。它結束了三國鼎立格局。」

那麼作為偏安東南的**吳國**，

又將如何呢？

張大可《張大可文集·三國史》：

「唇亡齒寒，蜀漢滅亡，吳國已不能長期偏安江南。」

（且聽下回分解。）

蜀漢，前有劉備二一四年入蜀，歷經七年的艱辛草創，後接諸葛亮十幾年經營維護，終在三國亂世謀得一席之地。然而二六三年司馬氏揮師南下，不出半年就將蜀漢納入囊中，著實令人唏噓。

為何蜀漢會落得速亡的結局？史學界眾說紛紜，有人認為蜀漢經濟和軍事實力本就為三方中最弱，再經戰耗，自然難以抵禦魏的大舉進攻。有的則說蜀漢是借助人才和「復漢」的信念立國，可後期人才凋零，戰火中民眾飢困，人心不思漢而只思安，失去根基的政府自然難以為繼。無論如何，毫無疑問的是蜀漢一眾英豪早已被銘記，而它的整個歷程也已鐫刻在歷史長河中，引後人參悟評說。

參考來源：《三國志》、《資治通鑒》、馬植杰《三國史》、白壽彝《中國通史》、張大可《張大可文集・三國史》、軍事科學院《中國軍事通史》、王仲犖《魏晉南北朝史》、朱紹侯《對諸葛亮南徵北伐的評價》及《中國古代史》

【借刀殺人】

蜀漢投降，姜維很不甘心。
於是他假意投靠魏軍，
暗中卻策反魏軍的頭領，
甚至借他之手殺了一個魏軍大將。

【授業未半】

諸葛亮很欣賞姜維，
曾想把自己畢生所學的軍事本領
全部傳授給他，
可惜沒教完就去世了，
只能留下沒出師的姜維
來繼承他的北伐事業。

【文武全才】

姜維的確是文武全才，
不僅能打仗，
寫的文章也很精彩。
他所寫的《蒲元別傳》
被後人盛贊
是魏晉小說界的傳世奇作。

饅頭小劇場

《戶外寫生》

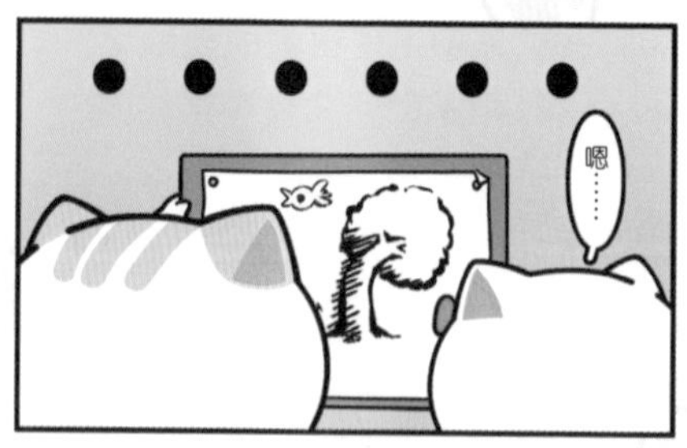

《去哪兒了》

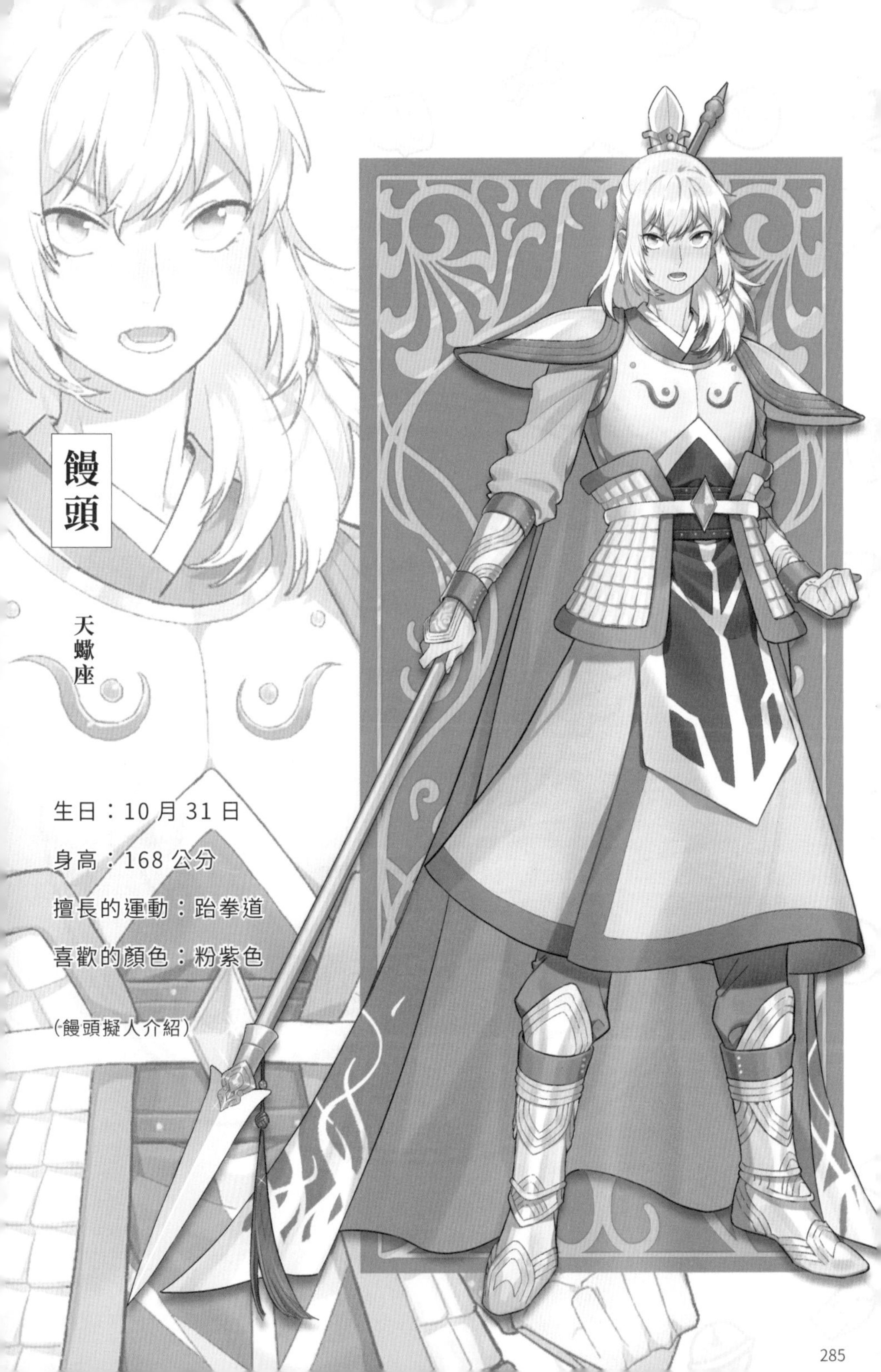
饅頭
天蠍座
生日：10 月 31 日
身高：168 公分
擅長的運動：跆拳道
喜歡的顏色：粉紫色
（饅頭擬人介紹）

小寒

第六十三回◉同歸於晉

蜀漢的滅亡，

標誌著**三國**局面的**崩潰**。

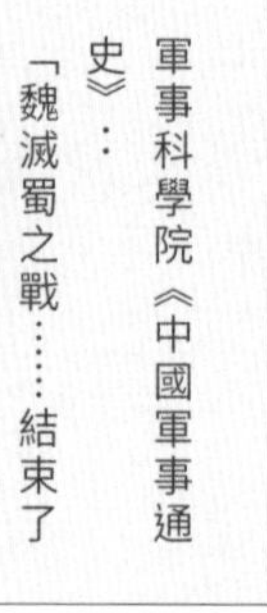
軍事科學院《中國軍事通史》：「魏滅蜀之戰……結束了三國鼎立格局……」

吞併了蜀的**魏國**，
成了當之無愧的**「超級大國」**。

軍事科學院《中國軍事通史》：「魏國從此據有長江上游……為進一步統一中國奠定了基礎。」

張大可《張大可文集．三國史》：「曹魏在政治、經濟、軍事各個方面都占了壓倒優勢。」

可與此同時，
這也為**曹魏**政權敲響了**喪鐘**。

白壽彝《中國通史》：「景元三年（二六二年）春，司馬昭兵發三路進攻蜀國。在捷報頻傳的時刻，司馬昭加緊廢魏自立的準備工作。」

縱橫多年的**曹氏**一族，

此時已**無力執掌國政**。

馬植杰《三國史》：「司馬懿殺曹爽之後，魏國大權已歸司馬氏掌握。接著，司馬氏父子又鎮壓了反對派的各種反抗活動，威權更盛。特別是司馬昭掌權時，百官任用，皆由其自定。」

取而代之的，

則是一直**輔佐**他們的**司馬一族**。

柳春新《漢末晉初之際的政治權力》：

「司馬懿及其子孫充分利用執掌曹魏政柄的有利條件，培植親信，打擊異己，不斷削弱曹魏皇室的力量，建立並鞏固了司馬氏家族的獨斷統治。」

歷經**三代人**的鞏固，

司馬氏的地位已經**不可動搖**。

仇鹿鳴《魏晉之際的政治權力與家族網路》：

「司馬氏代魏經歷了一個相當長的歷史時段，自魏正始十年（二四九年）司馬懿發動高平陵之變，控制曹魏政局，至魏咸熙二年（二六五年）……經過祖孫三代四人才得以完成。」

而**滅蜀**一戰更是為**司馬代曹**提供了**政治資本**，

張大可《張大可文集·三國史》：

「公元二六三年司馬昭令鍾會、鄧艾滅蜀。就是為晉朝的建立直接奠基。」

從此**晉代替了魏**。

馬植杰《三國史》：「滅蜀後一年，即咸熙元年（二六四年），司馬昭進封晉王，並加九錫。咸熙二年（二六五年），司馬昭建天子旌旗，其世子改稱太子。」

司馬氏的**第四代**家主，

正式為**曹氏**政權畫上了**句號**。

朱紹侯《中國古代史》：「司馬昭滅蜀後，沒來得及做皇帝就病死了。二六五年，司馬昭的兒子……逼魏元帝『禪讓』帝位。」

他就是**晉**的**開國之君**——

司馬炎喵！

白壽彝《中國通史》：「司馬炎在滿朝文武的反復勸進之下，正式即皇帝位，更國號為晉，改元泰始……」

炎喵**上位**時，
其實**才三十歲**。

白壽彝《中國通史》：
「這一年，司馬炎三十歲。」

總的來說，
江山是**祖輩**、**父輩**熬下來的，

帝位則是**親戚功臣**們抬上來的。

仇鹿鳴《魏晉之際的政治權力與家族網路》：
「司馬炎完成嬗代本身只是上承父祖遺烈，下賴叔伯輩的宗室、功臣翼戴而得以完成……」

作為一個帝國的**開創者**，

炎喵確實顯得……

分量輕了點。

仇鹿鳴《魏晉之際的政治權力與家族網路》：

「此時，武帝（司馬炎）所扮演的角色更像是西晉政治中的一個平衡者，而不是具有絕對權威的裁決者。」

在當時，

晉雖然有了**大半江山**……

張大可《張大可文集・三國史》：

「現在西晉割據九個州，占天下十之八九的地方。」

可東方還存在**吳國**。

張大可《三國史研究》：「孫吳……在蜀亡之後，還繼續存在了十七年。」

統一，
仍然是天下人的**目標**。

張大可《張大可文集·三國史》：「國家長期分裂給人民帶來痛苦，統一是人心所向。」

作為**三國**階段**唯一還存活**的國家，

東吳已歷**三代**，

李梅田《中國古代物質文化史：魏晉南北朝史》：「孫吳歷三代四帝共五十一年。」

不過，這會兒的**老大**卻是個**暴君**……

白壽彝《中國通史》：「吳國最後一個統治者是孫權的孫子孫皓。其人既殘暴，多忌諱，又荒淫，好酒色。」

這傢伙基本上沒事就給親戚**「發便當」**。

《三國志．吳書．孫破虜討逆傳》：「孫皓時，訛言謂奉（孫策的孫子）當立，誅死。」
《三國志．吳書．吳主五子傳》：「孫皓即位……追和、霸舊隙，削基、壹（孫權的孫子）爵土，與祖母謝姬俱徙會稽烏傷縣。」「訛言奮（孫權的兒子）與上虞侯奉當有立者……皓聞之，車裂俊，夷三族，誅奮及其五子。」

對大臣更是**手段殘忍**。

朱紹侯《中國古代史》：「孫皓信用群小，用剝面、挖眼、鋸頭、梟首等酷刑來屠殺大臣。」

東吳**喵民們**在他的統治下**苦不堪言**。

朱紹侯《中國古代史》：「孫皓政治極端腐敗……人民交不上稅，財物便被沒收，逼得許多人家賣兒賣女……過著『老幼饑寒，家戶菜色』的貧困生活。」

國力也不斷**下降**。

《三國志．吳書．王樓賀韋華傳》：「國無一年之儲，家無經月之畜，而後宮之中坐食者萬有餘人。內有離曠之怨，外有損耗之費，使庫廩空於無用，士民饑於糟糠。」

而**晉國**呢？

不僅主動**廢除苛政**，

白壽彝《中國通史》：「（司馬炎）撤銷對曹魏宗室和漢朝宗室的督軍，宣佈解除對他們的禁錮。罷除曹魏政府對出鎮、出征將士留取人質的法令……批准頒行新律……比前代律令的內容有所放寬。」

更是從上層**帶頭節儉**。

白壽彝《中國通史》：「（司馬炎）提倡節儉。他把原御府的珠玉玩好之物分賜臣下，自己不留。又下令削減各郡國政府對皇室的貢調，禁止樂府排演開支較大的靡麗百戲。」

讓**喵民們**充分**發展農業經濟**。

來年就可以吃炸雞了。
好久沒吃炸雞了。

白壽彝《中國通史》：「西晉朝廷採取措施，從墾荒、興修水利、增加農業勞動力和加強監督等方面來鼓勵農業生產。」

就連被滅了的**蜀、魏舊臣**……

你……老曹家的？
嗯……你老劉家的？

晉朝也儘量**聯合**。

以後都是我司馬家的！
是！
是！

白壽彝《中國通史》：「在用人方面司馬炎儘量不計舊怨，啟用某些原屬於曹魏集團的官吏……他還選用了一批原在蜀漢政府任職的人。」

總的來說，

朝野上下**君臣一心**。

張大可《三國史研究》：「晉武帝（司馬炎）……籠絡士族……贏得了天命攸歸的輿論。」

這使**本身**就是**大國**的晉變得**更加富強**。

張大可《張大可文集・三國史》：「西晉初晉武帝勵精圖治……（國家）一派興旺氣象。」

而他們的**目標**只有**一個**……

那就是**滅了吳國！**

軍事科學院《中國軍事通史》：

「西晉泰始至咸甯年間……吳國方面，則政治極端腐敗，兵民怨叛，（西晉）滅吳的實際行動便被提上了議事日程。」

在當時的情況下，
吳國還是**有老底**的。

張大可《張大可文集・三國史》：「孫氏割據江東八十餘年，稱帝也有五十二年，經歷了兩三代人，佔據大江以南，算得上是一個根深蒂固的割據大國，甲兵資實，力量可觀。」

家**門口**有**長江**作為**屏障**，

軍事科學院《中國軍事通史》：「吳國主要防線設在長江。認為長江是天險，是其擁有的優勢。」

水軍的實力也**不差**。

范文瀾《中國通史》：「吳以水軍立國，有船五千餘艘。水軍主力在長江……」

當年**老曹家**就吃了它的**虧**……

《三國志・吳書・吳主傳》：

「（東漢建安）十三年（二〇八年）……瑜、普（吳將）為左右督，各領萬人，與備俱進，遇於赤壁，大破曹公軍。」

面對這個情況，

晉國開始**積極籌備**，

馬植杰《三國史》：

「（司馬炎）與羊祜密謀，讓羊祜在荊州籌措各種伐吳事宜……（羊祜）採取了滅吳的有效措施。」

不僅瘋狂**囤積糧草**，

《晉書・列傳第四》：

「（羊祜）分以墾田八百餘頃，大獲其利。祜之始至也，軍無百日之糧，及至季年，有十年之積。」

還瘋狂**製造戰船**。

《晉書・列傳第十二》：「武帝謀伐吳，詔濬修舟艦。濬乃作大船連舫，方百二十步，受二千餘人……舟楫之盛，自古未有。」

不斷**追趕**之下，
東吳的**優勢**越來越**薄弱**。

《三國志・吳書・三嗣主傳》注引《干寶晉紀》：「晉治水軍於蜀久矣，今傾國大舉，萬里齊力，必悉益州之眾浮江而下……（吳）名將皆死，幼少當任，恐邊江諸城，盡莫能禦也。」

經過14年的**準備**，

炎喵才正式下令**大舉伐吳**。

馬植杰《三國史》：「晉武帝登位（二六五年）後，就著手準備滅吳……在荊州、益州等地作了長期充分準備……晉武帝終於在咸寧五年（二七九年）十一月下詔大舉伐吳。」

晉軍三十萬，

分**六路進攻**，

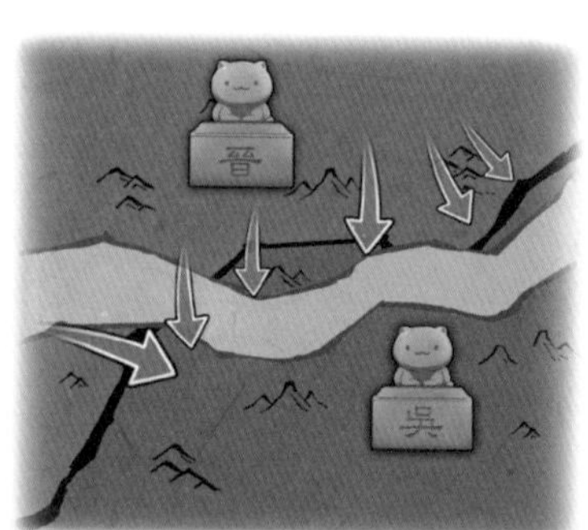

張大可《張大可文集・三國史》：「西晉大舉代吳，兵分六路……前後用兵三十餘萬。」

沿著長江上游直沖而下，

張大可《張大可文集・三國史》：「龍驤將軍王濬、廣武將軍唐彬率巴蜀之卒浮江東下。」

東吳軍根本**擋不住**。

張大可《張大可文集・三國史》：「六路大軍，東西萬里，一齊進擊，水陸並進，使吳軍不知所防，首尾不能相應。」

摧枯拉朽四個月的時間，
東吳就被端了。

朱紹侯《中國古代史》：「咸寧五年（二七九年）十一月，晉大舉伐吳……太康元年（二八〇年）三月，吳主孫皓向晉將王濬投降，吳亡。」

從此三國盡滅。

范文瀾《中國通史》：「二六三年……司馬昭……便滅漢國。」「當年（二六五年），晉武帝廢魏帝，建立晉朝。」「二八〇年，晉武帝發兵……便滅吳國。」

近百年的**割據狀態自此結束**。

華夏大地重新**回歸一統**。

傅樂成《中國通史》：「從漢獻帝初年起，中國陷於戰亂分裂者九十餘年，至此又告統一。」

而作為終結這個時代的**晉王朝**，

又會走向何方呢？

傅樂成《中國通史》：「晉武帝於太康元年（二八〇年）平吳後，論理『天下』一統，應有一番新興氣象，但事實大謬不然……」

（且聽下回分解。）

三國，是一個亂世。亂世造就豪傑，更創造歷史。這段不足百年的時期裡湧現了近千位風流人物，他們各有際遇，各懷志向，抓住機遇並大顯身手。有從「底端」拚搏到稱雄一方的霸主，有出身名門卻壯志難酬的謀士，還有叱吒戰場、成敗皆傳奇的武將。哪怕歷經千百年歲月的沖刷，這些英雄故事依舊綻放著光彩。而三國時的政治博弈與軍事交鋒更是引起了思想和文化震盪，無論是建安文學的風骨，還是天下一統的宏願，都成為後世寶貴的歷史遺產。三國，堪稱一個「華麗的黑暗時代」（川勝義雄語）。

司馬炎——水餃（飾）

參考來源：《三國志》、《晉書》、軍事科學院《中國軍事通史》、張大可《張大可文集·三國史》及《三國史研究》、白壽彝《中國通史》、馬植杰《三國史》、柳春新《漢末晉初之際的政治權力》、仇鹿鳴《魏晉之際的政治權力與家族網路》、李梅田《中國古代物質文化史：魏晉南北朝史》、朱紹侯《中國古代史》、范文瀾《中國通史》、傅樂成《中國通史》

【帶頭散財】

為了推廣節儉的生活方式，
司馬炎甚至把自家的珠寶、
文玩等奢侈品全部分發給大臣，
以起到帶頭表率的作用。

【相愛相殺】

晉吳開戰之前，
駐守在國境線的兩方將領
其實關係還不錯。
吳將生病的話，
晉將還會送良藥過去，
可以說是相處和諧。

【燒衣明志】

有大臣曾給司馬炎上貢一件
用野雞頭上的毛織成的毛衣，
司馬炎收到後覺得
這是奢侈的奇裝異服，
不符合他推崇的節儉政策，
就一把火燒了。

水餃小劇場

《練球》

《天黑請閉眼》

水餃
白羊座
生日：4月1日
身高：177 公分
擅長的運動：足球
喜歡的顏色：紅色
（水餃擬人介紹）

大寒

第六十四回◉暗流湧動

隨著**東吳**的**滅亡**，

一個**近百年**的割據時代**結束**了。

軍事科學院《中國軍事通史》：「晉武帝建立西晉後，於咸寧五年（二七九年）乘吳國暴君孫皓倒行逆施，政治極度黑暗之時，舉大軍攻滅吳國……結束了自東漢末年以來長期分裂割據的局面。」

晉，成為了最終的**贏家**。

白壽彝《中國通史》：「東吳亡國，三國鼎立後的吳、晉兩國對峙的局面結束，全國重歸一統。」

作為晉的**開國之君**，

司馬炎喵開始了他**二十五年的統治生涯**。

白壽彝《中國通史》：「晉武帝在位的二十五年，是西晉皇朝相對安定時期。」

而天下既然已經**統一**，
新政也得跟上。

柳春新《漢末晉初之際政治研究》：「平吳統一全國……他（司馬炎）必須作出政策調整以適應統一的新格局。」

於是他重新將**全國**劃分為**十九個州**。

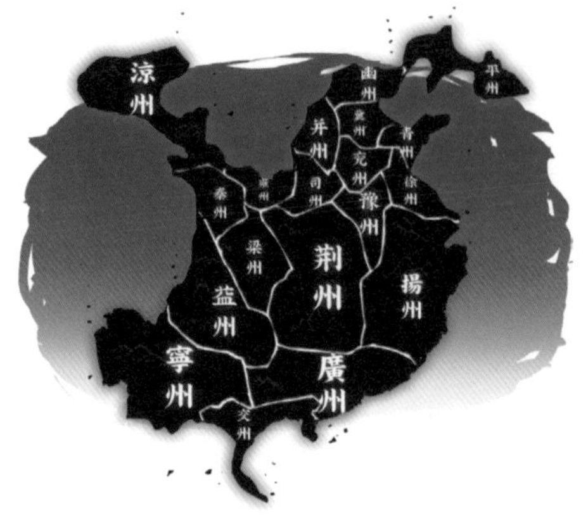

白壽彝《中國通史》：「太康元年（二八〇年），司馬炎將全國的版圖劃成為十九個州，州之下共設郡、國一百七十三個。」

然後登記天下**喵民數量**。

白壽彝《中國通史》：「政府所統領的在籍人口為二百四十五萬九千八百四十戶。」

我們是人口普查的，家裡幾口喵？
大概有……

以便**收繳賦稅**……

到時記得按時交稅。
啊！

晉實行的是**「占田課田制」**。

白壽彝《中國通史》：
「平吳之後，司馬炎在全國範圍內頒行占田和課田、戶調的制度。」

簡單點講就是，
規定每個喵**最高**可佔據的**耕地**，

《晉書．志第十六》：
「男子一人占田七十畝，女子三十畝。」

再規定每個喵咪**最低**要交的**租稅**。

《晉書．志第十六》：
「其外丁男課田五十畝，丁女二十畝，次丁男半之，女則不課。」

這樣的政策，

能讓**戰亂後**的喵民**恢復生產**。

朱紹侯《中國古代史》：

「占田制對當時農業發展、社會繁榮是有著積極推動作用的。據載，二八〇年西晉有戶二四六萬，二八二年即激增至三七七萬……大量流民墾占荒土。」

只要**繳足賦稅**，

餘下就是**自己的**。

白壽彝《中國通史》：

「占田、課田制下的農民，是一家一戶的個體小農。他們的糧食除繳納田租外，都歸他自己所有，因而他們的生產積極性是高的。」

起碼是**餓不死**了。

《晉紀．總論》：

「太康之中……牛馬被野，餘糧棲畝，行旅草舍，外閭不閉，民相遇者如親，其匱乏者，取資於道路，故於時有天下無窮人之諺。」

而且有了土地**最高額度的限定，**

兼併土地的**大地主**也**較難出現。**

白壽彝《中國通史》：「司馬炎實施這一制度……通過限定最高占田數目，以阻止私人大量兼併土地。」

要知道東漢的**分裂，**
就是因為**大地主階級**的產生。

朱紹侯《中國古代史》：「東漢中期以後……隨著豪強地主勢力壯大，封建大土地所有制不斷發展，土地兼併激烈進行，大批農民失掉土地……農民起義此起彼伏，連綿不斷。」

一旦中央**下放兵權**，

《後漢書．列傳第二十一》：「時靈帝政化衰缺，四方兵寇，焉以為刺史威輕，既不能禁，且用非其人，輒增暴亂，乃建議改置牧伯，鎮安方夏，清選重臣，以居其任……州任之重，自此而始。」

地方武裝便可**無視天子**，
互相爭鬥。

軍事科學院《中國軍事通史》：「州郡牧守通過攫取地方的……擁兵權，瓜分了東漢政權在地方上的統治。」
朱紹侯《中國古代史》：「東漢皇朝日趨衰落，接著出現的就是軍閥割據、混戰的局面。」

炎喵**汲取**了前朝的**經驗**，

直接下令**解散**地方的軍隊，

白壽彝《中國通史》：「司馬炎命令州郡地方政府解散或削減下轄的軍隊。」

然後將兵權**收歸中央**，

《講談社．中國的歷史05．中華的崩潰與擴大：魏晉南北朝》：「武帝一統天下後……將州郡的士兵解散……旨在結束地方分權的軍事格局。」

軍事科學院《中國軍事通史》：「晉武帝司馬炎以皇帝身份親自掌握全國軍政大權，直接領導和指揮全國軍隊。」

使**皇權和統一**得到進一步**鞏固**。

白壽彝《中國通史》：「這是對漢末州刺史既統政事，又掌軍權的弊病進行改革，用意在於維護『天下為一』，防止重新出現『四海分崩』的局面。」

而對待**士族官僚**則給予**各種特權**，

王仲犖《魏晉南北朝史》：「關於世家大族的土地，是始終沒有敢觸動的。不但沒有觸動，而且在經濟特權與政治特權合一的原則之下……官員按官品高低占田。」

例如**不需要交賦稅、免除徭役**等。

王仲犖《魏晉南北朝史》：「官吏還可以按官品高卑，蔭親屬多至九族，少至三族……被蔭的人得免課役。」軍事科學院《中國軍事通史》：「士族……所蔭人戶可以免除國家賦役租調。」

這也讓**士族階級**更加**擁戴**司馬政權，

維護了朝廷內政的**穩定**。

白壽彝《中國通史》：「晉對世族地主的這些措施，無疑給他們在政治上和經濟上更多的優遇，這有利於統治階層在一定程度上的調和。」

這些**新政**的實行，
一定程度上保障了**新生政權**的**平穩**。

《講談社．中國的歷史05．中華的崩潰與擴大：魏晉南北朝》：「土地制度的主要目的是為了保護遍佈各地的自耕農的再生產……確立了貴族制……對公權的再度確立發揮了很大的作用。」

也實際**恢復**了國家的**元氣**。

炎喵這十年的治理，
甚至被稱為**「太康之治」**。

許兆昌《魏晉南北朝簡史》：「晉武帝太康年間所取得的這一社會繁榮景象，被稱作『太康之治』。」

那麼「太康之治」真的給天下
帶來**安定的未來**了嗎？

白壽彝《中國通史》：
「……太康年間的小康局面好景不長。」

沒有。

因為新政帶來**「繁榮」**的同時，
隱患隨之埋下了。

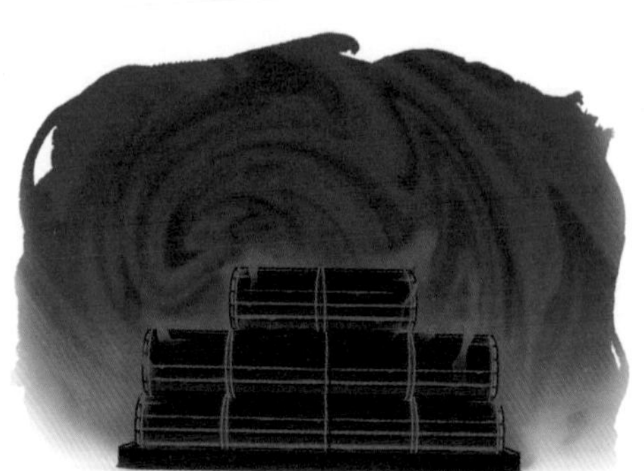

朱紹侯《中國古代史》：
「晉武帝司馬炎在位期間（二六五—二九〇年），是西晉歷史上最好的時期，西晉許多重大政治、經濟措施，均在此期間頒行，也收到了一些效果，但同時埋下了一些隱患。」

例如**「占田課田制」**。

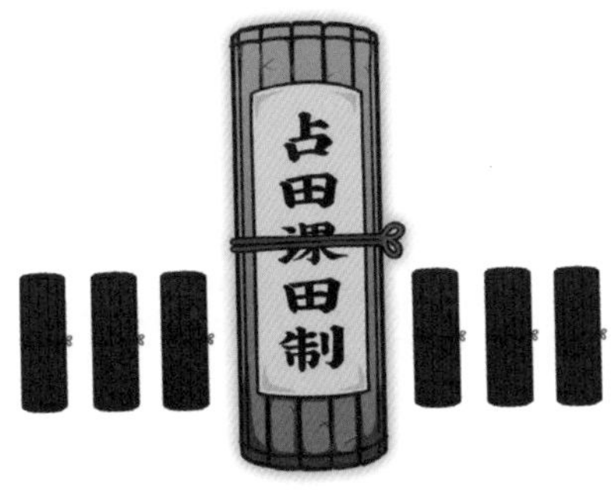

雖然國家**規定**了獲得占地面積的**上限**，

白壽彝《中國通史》：「占田數是農民向政府辦理土地登記時的最高限額。」

卻不理喵民是否**真的獲得**規定量的**耕地**。

白壽彝《中國通史》：「至於農民是否能夠佔有規定的足額土地，政府並不過問，而政府卻要求農民必須按足額的課田提供田租。」

可租稅是**必須繳足**的，

部分喵民就受到了**嚴重的剝削**。

白壽彝《中國通史》：「這就使得一部分農民因不堪政府剝削，而流入私門，成為豪強士族的依附民。」

而**士族官僚**則因擁有特權而**不用交稅**，

變得**沉迷享樂，腐敗不堪，**

白壽彝《中國通史》：「世族地主之無限制的特權，助長了他們在生活上和政治上的腐化。」

甚至**炫富**成了日常。

我們家吃優格從不舔蓋子。
算啥！我們家手機從不貼膜！

白壽彝《中國通史》：「司馬炎的舅父後將軍王愷同散騎常侍石崇競相誇富。王愷用麥糖洗鍋，石崇就用白蠟當柴燒。王愷用赤石脂塗牆，石崇就用香椒和泥。王愷用紫絲綾做成四十里的步障，石崇就用彩織錦做成步障五十里。」

當官的也**不幹正事，**
只知道**吹牛皮**……

傅樂成《中國通史》：「有識之士，大多對政治感到灰心，轉而致力於老莊之學，談論玄理，以逃避現實，因而形成了所謂『清談』之風。」

我說三個字就能當官。
不是我嗆你，我說一個字就行。

長此以往，
只會導致**國力不斷下降。**

軍事科學院《中國軍事通史》：「由於門閥士族坐享各種封建特權，不思進取，安於現狀，缺乏實際才幹，追求門富享樂，窮奢極欲……西晉朝廷，也隨著其生活腐化，政治趨向腐敗。」

然而，最大隱患是在**軍權**上。

白壽彝《中國通史》：「都督坐鎮一方，手握一方軍政大權，可以成為維護皇權的力量，也可以成為地方割據的勢力。」

炎喵雖然吸取**東漢**教訓，
加強了中央兵權，

但他卻認為**曹氏的滅亡**，
是因為沒有**「自家人」**幫忙，

白壽彝《中國通史》：
「司馬炎稱帝後，總結前代亡國的教訓，認為曹魏政府束縛、防範宗室，導致皇帝孤立無援。」

於是他開始**分封諸侯王**。

白壽彝《中國通史》：
「為了屏衛皇室，司馬炎實行五等封爵之制，把大批同宗的叔侄弟兄封作王。即位之始一次封王二十七人，以後又陸續增封，總計達五十七王。」

每個諸侯王不僅擁有自己的**地盤**，

《晉書．志第四》：
「封諸王以郡為國。邑二萬戶為大國……」

還能擁有自己的**軍隊**。

白壽彝《中國通史》：「司馬炎還委任幾位宗王統領重兵，出鎮許昌、鄴城、長安等處的戰略要地，用以拱衛首都洛陽。宗王出鎮是司馬炎加強宗室權勢的重要措施。」

在炎喵看來，
有了**諸侯王**就能**保衛中央**。

白壽彝《中國通史》：「魏晉間帝位的更替，是通過宮廷政變來實現的。晉武帝認為，要防止這種事變的重演，就必須培植皇族在地方上的勢力，使其成為維護朝廷的可靠力量。」

外族便**無法奪取政權**。

不知道他是不是**忘了戰國**時代……

> 朱紹侯《中國古代史》：
> 「周平王遷都洛邑……天子控制諸侯的權力和直接擁有的軍事力量，也日益喪失……一些隨著地方經濟發展逐步強大的諸侯國……積極發展自己的力量。」「戰國時就形成齊、魏、趙、韓、秦、楚、燕七大國爭雄的局面。」

在炎喵執政的**幾十年間**，

天下的**元氣**得到了**恢復**。

喵民生活也在一定程度上得到**改善**。

朱紹侯《中國古代史》：「晉武帝的『太康之治』，在經濟上取得了較大成就，也使得社會比較安定。」

但**「繁榮」**的同時，
也種下了**禍患**的種子。

朱紹侯《中國古代史》：「但在經濟上發展的同時，一些隱患已顯現了出來。」

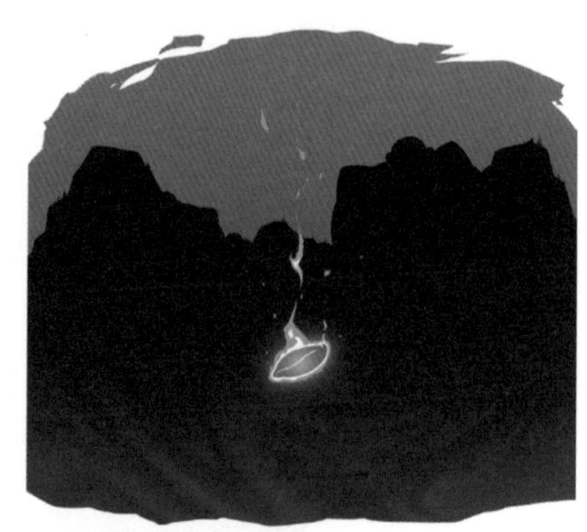

當這些隱患**慢慢發芽**，

一個前所未有的**黑暗時代即將到來**。

《講談社・中國的歷史05・中華的崩潰與擴大：魏晉南北朝》：「結束三國時代、使中國再度統一的西晉武帝司馬炎於二九〇年四月駕崩，從此中國就像從時代的斜坡上滑落一樣，進入即便是在中國歷史上也不多見的混亂時期。」

華夏大地又將**經歷**什麼呢？

（且聽下回分解。）

編者按

三國鼎立半個世紀有餘，三方都抱持一統天下的野心相互較勁，可最後的勝利者是「橫空出世」的晉。這是為什麼？究其原因，也許它贏在了「新」。在政權尚未成立時，司馬便以雷霆之勢了結凋敝的蜀漢，再以曹魏為滋養建立晉。年輕的晉不僅完成了政權的平穩過渡，還大刀闊斧掃除積弊，蓬勃生長。反觀僅剩的吳國，君暴民弱，無能也無力刮骨自療，自然只能被崛起的後浪拍死在沙灘上。

一統後，西晉雖然仍在「推陳出新」，可由於對統一帝國的治理缺乏經驗和遠見，頒佈的新政多著重眼下，不具長遠的實操性。享一時繁榮，同時埋藏無窮的後患……

司馬炎——水餃（飾）

參考來源：《晉書》、《晉紀》、《後漢書》、軍事科學院《中國軍事通史》、白壽彝《中國通史》、柳春新《漢末晉初之際政治研究》、朱紹侯《中國古代史》、《講談社．中國的歷史 05．中華的崩潰與擴大：魏晉南北朝》、王仲犖《魏晉南北朝史》、許兆昌《魏晉南北朝簡史》、傅樂成《中國通史》

【一萬後宮】

滅吳之後，
司馬炎乾脆把吳國皇帝的五千後妃
全部收到自己的宮中，
將後宮擴充到了上萬人的規模，
極其奢靡。

【炫富大賽】

西晉後期，奢侈之風興起，
有兩位富豪錢多到沒處花，
就開始鬥富。
一個用絲綢拉四十里的屏障，
另一個就拉五十里，
極度鋪張浪費。

【羊車選妃】

司馬炎滅吳後覺得天下太平，
就開始享樂，
將後宮擴到上萬人。
他每天駕輛羊車，
羊停在誰的宮殿門口，
就去誰那裡過夜。

下回再見！